Documents manquants (pages, cahiers...)

Original illisible

Religion, Philosophie

Socialisme

1240

BIBLIOTHÈQUE D'ÉTUDES SOCIALISTES
VIII

FR. ENGELS

Religion, Philosophie
Socialisme

TRADUIT PAR

PAUL & LAURA LAFARGUE

PARIS

LIBRAIRIE G. JACQUES & Cie

1, rue Casimir-Delavigne, 1

1901

Tous droits réservés

CONTRIBUTION

A

L'HISTOIRE DU CHRISTIANISME PRIMITIF

CONTRIBUTION

A L'HISTOIRE DU CHRISTIANISME PRIMITIF

I

L'histoire du christianisme primitif offre des points de contact remarquables avec le mouvement ouvrier moderne. Comme celui-ci le christianisme était à l'origine le mouvement des opprimés, il apparaissait tout d'abord comme la religion des esclaves et des affranchis, des pauvres et des hommes privés de droit, des peuples subjugués ou dispersés par Rome. Tous les deux, le christianisme et le socialisme ouvrier, prêchent une délivrance prochaine de la servitude et de la misère ; le christianisme transporte cette délivrance dans l'au-delà, dans une vie après la mort, dans le ciel ; le socialisme la place dans ce bas monde, dans une transformation de la société. Tous les deux sont poursuivis et traqués, leurs adhérents proscrits et soumis à des lois d'exception, comme ennemis, les uns, du genre humain, les autres, de l'ordre social. Et malgré toutes les persécutions, et même directement servis par elles, l'un et l'autre se frayent victorieusement, irrésistiblement leur chemin.

Trois siècles après sa naissance, le christianisme est reconnu comme religion d'Etat de l'empire mondial de Rome : en moins de 60 ans, le socialisme a conquis une position telle que son triomphe définitif est absolument assuré.

Par conséquent, si M. le professeur A. Menger, dans son *Droit au produit intégral du travail*, s'étonne de ce que sous les empereurs romains, vu la colossale centralisation des biens-fonds et les souffrances infinies de la classe travailleuse, composée en majeure partie d'esclaves, « le socialisme ne se soit pas implanté après la chute de l'empire romain occidental », — c'est qu'il ne voit pas que précisément ce « socialisme », dans la mesure où il était possible à l'époque, existait effectivement et arrivait au pouvoir — avec le christianisme. Seulement ce christianisme — et c'était fatal, étant données les conditions historiques — ne voulait pas réaliser la transformation sociale dans ce monde, mais dans l'au-delà, dans le ciel, dans la vie éternelle après la mort, dans le « millenium » imminent.

Déjà au moyen-âge se manifeste le parallélisme des deux phénomènes lors des premiers soulèvements de paysans opprimés, et notamment, de plébéiens des villes. Ces soulèvements, ainsi que tous les mouvements des masses au moyen-âge, portèrent nécessairement un masque religieux, ils apparaissaient comme des restaurations du christianisme primitif à la suite d'une corruption envahissante (1) ; mais derrière l'exaltation religieuse se cachaient régulièrement de très positifs intérêts mondains. Cela

(1) Avec ces soulèvements ceux du monde mahométan, en Afrique, forment un singulier contraste. L'Islam est surtout une religion appropriée aux Orientaux, plus spécialement aux Arabes, c'est à-dire, d'une part aux citadins pratiquant le commerce et l'industrie, d'autre part à des Bédouins nomades. Là réside le germe d'une collision périodique. Les citadins, devenus opulents et luxueux, se relâchent dans l'observance de la « Loi ». Les Bédouins pauvres, et, à cause de leur pauvreté, de mœurs sévères, regardent avec envie et convoitise ces richesses et jouissances. Ils s'unissent sous un prophète, un Madhi, pour châtier les infidèles, pour rétablir la loi cérémoniale de la vraie croyance, et pour s'approprier, comme récompense, les trésors des infidèles. Au bout de cent ans, naturellement, ils se trouvent exactement au même point que ceux-ci, une nouvelle purification est nécessaire ; un nouveau Madhi surgit ; et le jeu recommence. Cela s'est passé de la sorte depuis les guerres de conquêtes des Almoravides et des Almohades africains en Espagne jusqu'au dernier Madhi de Khartoum, qui bravait les Anglais si victorieusement. Il en fut ainsi, ou a peu près, des bouleversements en Perse et en d'autres contrées mahométanes. Ce sont tous des mouvements, nés de causes économiques, bien que portant un déguisement religieux. Mais, alors même qu'ils réussissent, ils laissent intactes les conditions économiques. Rien n'est changé, la collision devient périodique. Par contre, dans les insurrections populaires de l'Occident chrétien, le déguisement religieux ne sert que de drapeau et de masque à des attaques contre un ordre économique devenu caduc : finalement cet ordre est renversé ; un nouveau s'élève, il y a progrès, le monde marche.

ressortait d'une manière grandiose dans l'organisation des Taborites de Bohême sous Jean Zizka, de glorieuse mémoire : mais ce trait persiste à travers tout le moyen-âge, jusqu'à ce qu'il disparaisse petit à petit après la guerre des paysans en Allemagne, pour reparaître chez les ouvriers communistes après 1830. Les communistes révolutionnaires français, de même que Weitling et ses adhérents, se réclamèrent du christianisme primitif, bien longtemps avant que Renan ait dit : « Si vous voulez vous faire une idée des premières communautés chrétiennes, regardez une section locale de l'Association internationale des travailleurs ».

L'homme de lettres français qui, par une exploitation sans exemple, même dans le journalisme moderne, de la critique biblique allemande, a confectionné le roman ecclésiastique, *les Origines du Christianisme*, ne savait pas tout ce qu'il y avait de vrai dans son dire. Je voudrais voir l'ancien internationaliste, capable de lire, par exemple, la seconde épître aux Corinthiens, attribuée à Paul, sans que, sur un point tout au moins, d'anciennes blessures ne se rouvrissent chez lui. L'épitre tout entière, à partir du VIII° chapitre, retentit de l'éternelle complainte, trop connue hélas : « *les cotisations ne rentrent pas* ». Combien des plus zélés propagandistes, vers 1865, eussent serré la main de l'auteur de cette lettre, quel qu'il soit, avec une sympathique intelligence en lui murmurant à l'oreille : « Cela t'est donc arrivé, frère, à toi aussi ! ». Nous autres aussi nous pourrions en conter long là-dessus, — dans notre association aussi les Corinthiens pullullaient : ces cotisations qui ne rentraient pas, qui, insaisissables, tournoyèrent devant nos yeux de Tantale, mais c'étaient là précisément les fameux millions de l'Internationale.

L'une de nos meilleures sources sur les premiers chrétiens est Lucien de Samosate, le Voltaire de l'antiquité classique, qui gardait une attitude également sceptique à l'égard de toute espèce de superstition religieuse, et qui, par conséquent, n'avait pas de motifs — ni par croyance païenne ni par politique — pour traiter les chrétiens autrement que n'importe quelle association religieuse. Au contraire, il les raille tous pour leur superstition, aussi bien les adorateurs de Jupiter que les adorateurs du Christ : de son point de vue, platement rationaliste, un genre de superstition est tout aussi inepte qu'un autre. Ce témoin, en tout cas impartial, raconte, entre autre chose, la biographie d'un aventurier, Pérégrinus, qui se nommait Protée de Parium sur l'Hellespont. Le dit Pérégrinus débuta dans sa jeunesse en Arménie par un adultère, fut pris en flagrant délit et lynché selon la coutume du pays. Heureusement parvenu à s'échapper, il étrangla son vieux père et dut s'enfuir. « Ce fut vers cette époque qu'il se fit instruire dans l'admirable religion des chrétiens, en s'affiliant en Palestine avec quelques-uns de leurs prêtres et de leurs scribes. Que vous dirai-je ? Cet homme leur fit bientôt voir qu'ils n'étaient que des enfants : tour à tour prophète, thiasarque, chef d'assemblée, il fut tout à lui seul, interprétant leurs livres, les expliquant, en composant de son propre fonds. Aussi nombre de gens le regardèrent-ils comme un Dieu, un législateur, un pontife, égal à celui qui est honoré en Palestine, où il fut mis en croix pour avoir introduit un nouveau culte parmi les hommes. Protée ayant été arrêté par ce motif fut jeté en prison... Du moment qu'il fut dans les fers, les chrétiens, se regardant comme frappés en lui, mirent tout en œuvre pour le délivrer ; mais ne pouvant y parvenir, ils lui rendirent au moins toutes sortes de services avec un zèle et un empressement infatigables. Dès le matin on voyait rangée autour de la prison une foule de vieilles femmes, de veuves et d'orphelins. Les principaux chefs de la secte passaient la nuit auprès de lui, après avoir corrompu les geôliers : ils se faisaient apporter des mets, lisaient leurs livres saints ; et le vertueux Pérégrinus, il se nommait encore ainsi, était appelé par eux le nouveau Socrate. Ce n'est pas tout : plusieurs villes d'Asie lui envoyèrent des députés au nom des chrétiens, pour lui servir d'appuis, d'avocats et de consolateurs. On ne saurait croire leur empressement en pareilles occurences ; pour tout dire en un mot, rien ne leur coûta. Aussi Pérégrinus, sous le prétexte de sa prison, vit-il arriver de bonnes sommes d'argent et se fit-il un gros revenu. Ces malheureux se figurent qu'ils sont immortels et qu'ils vivront éternellement. En conséquence ils méprisent les supplices et se livrent volontairement à la mort. Leur premier législateur leur a ensuite persuadé qu'ils sont tous frères. Dès qu'ils ont une fois changé de culte, ils renoncent aux dieux des Grecs, et adorent le sophiste crucifié dont ils suivent les lois. Ils méprisent également tous les biens et les mettent en commun, sur la foi complète qu'ils ont en ses paroles. En sorte que s'il vient à se présenter parmi eux un imposteur, un fourbe adroit, il n'a pas de peine à s'enrichir fort vite, en riant sous cape de leur simplicité. Cependant Pérégrinus est bientôt délivré de ses fers par le gouvernement de Syrie ».

A la suite d'autres aventures encore, il est dit : « Pérégrinus reprend donc sa vie errante, accompagné dans ses courses vagabondes par une troupe de chrétiens qui lui servent de satellites et subviennent abondamment à ses besoins. Il se fit ainsi nourrir pendant quelque temps. Mais ensuite ayant violé quelques-uns de leurs préceptes (on l'avait vu, je crois, manger d'une viande prohibée), il fut abandonné de son cortège et réduit à la pauvreté ». (*Traduction Talbot*).

Que de souvenirs de jeunesse s'éveillent en moi à la lecture de ce passage de Lucien ! Voilà, tout d'abord, le « Prophète Albrecht » qui, à partir de 1840 environ, et quelques années durant, rendait peu sûres — à la lettre — les communautés communistes de Weitling en Suisse. C'était un homme grand et fort, portant une longue barbe, qui parcourait la Suisse à pied, à la recherche d'un auditoire pour son nouvel évangile de l'affranchissement du monde. Au demeurant, il paraît avoir été un brouillon assez inoffensif, et mourut de bonne heure. Voilà son successeur moins inoffensif, le Dr George Kuhlman de Holstein, qui mit à profit le temps où Weitling était en prison pour convertir les communistes de la Suisse française à son évangile à lui, et qui, pour un temps, y réussit si bien qu'il gagna jusqu'au plus spirituel, en même temps que le plus bohème d'entre eux, Auguste Becker. Feu Kuhlmann donnait des conférences, qui furent publiées à Genève, en 1845, sous le titre : *Le nouveau monde ou le royaume de l'esprit sur la terre. Annonciation.* Et dans l'introduction, rédigée selon toute probabilité par Becker, on lit :

« Il manquait un homme dans la bouche de qui toutes nos souffrances, toutes nos espérances et nos aspirations, en un mot, tout ce qui remue le plus profondément notre temps, trouvât une voix. Cet homme qu'attendait notre époque, il est apparu. C'est le Dr George Kuhlmann de Holstein. Il est apparu, avec la doctrine du nouveau monde ou du royaume de l'esprit dans la réalité ».

Est-il besoin de dire que cette doctrine du nouveau monde n'était que le plus banal sentimentalisme, traduit en une phraséologie demi-biblique, à la Lamennais, et débité avec une arrogance de prophète. Ce qui n'empêchait pas les bons disciples de Weitling de porter ce charlatan sur leurs épaules, comme les chrétiens d'Asie avaient porté Pérégrinus. Eux qui, d'ordinaire, étaient archidémocratiques et égalitaires, au point de nourrir des soupçons inextinguibles à l'égard de tout maître d'école, de tout journaliste, de tous ceux qui n'étaient pas des ouvriers manuels, comme autant de « savants » cherchant à les exploiter, se laissèrent persuader, par ce si mélodramatiquement équipé Kuhlmann, que dans le « nouveau monde » le plus sage, *id est* Kuhlmann, règlementerait la répartition des jouissances et qu'en conséquence, dans le vieux monde déjà, les disciples eussent à fournir les jouissances par boisseaux au plus sage, et à se contenter, eux, des miettes. Et Pérégrinus-Kuhlmann vivait dans la joie et dans l'abondance — tant que cela durait.

A vrai dire, cela ne dura guère ; le mécontentement croissant des sceptiques et des incrédules, les menaces de persécution du gouvernement Vaudois, mirent fin au royaume de l'esprit à Lausanne ; Kuhlmann disparut.

Des exemples analogues viendront, par douzaines, à la mémoire de quiconque a connu par expérience les commencements du mouvement ouvrier en Europe. A l'heure présente des cas aussi extrêmes sont devenus impossibles, du moins dans les grands centres ; mais dans des localités perdues, où le mouvement conquiert un terrain vierge, un petit Pérégrinus de la sorte pourrait bien compter encore sur un succès momentané et relatif. Et ainsi que vers le parti ouvrier de tous les pays affluent tous les éléments n'ayant plus rien à espérer du monde officiel, ou qui y sont brûlés — tels que les adversaires de la vaccination, les végétariens, les antivivisectionnistes, les partisans de la médecine des simples, les prédicateurs des congrégations dissidentes dont les ouailles ont pris le large, les auteurs de nouvelles théories sur l'origine du monde, les inventeurs ratés ou malheureux, les victimes de réels ou d'imaginaires passe-droits, les imbéciles honnêtes et les deshonnêtes imposteurs, — il en allait de même chez les chrétiens. Tous les éléments, que le procès de dissolution de l'ancien monde avait libéré, étaient attirés, les uns après les autres, dans le cercle d'attraction du christianisme, l'unique élément qui résistait à cette dissolution — précisément parce qu'il en était le produit tout spécial, et qui, par conséquent, subsistait et grandissait alors que les autres éléments n'étaient que des mouches éphémères. Point d'exaltation, d'extravagance, d'insanité ou d'escroquerie qui ne se soit produite dans les jeunes communautés chrétiennes et qui temporairement et en de certaines localités n'ait rencontré des oreilles attentives et de dociles croyants. Et comme les communistes de nos premières communautés, les premiers chrétiens étaient d'une crédulité inouïe à l'égard de tout ce qui semblait faire leur affaire, de sorte que nous ne savons pas, d'une façon positive, si du grand nombre d'écrits que Pérégrinus a composés pour la chrétienté il ne s'est pas glissé des fragments par ci, par là, dans notre Nouveau Testament.

II

La critique biblique allemande, jusqu'ici la seule base scientifique de notre connaissance de l'histoire du christianisme primitif, a suivi une double tendance.

L'une de ces tendances est représentée par l'école de Tubingue à laquelle, dans une acception plus large, appartient aussi D. F. Strauss. Elle va aussi loin dans l'examen critique qu'une école *théologique* saurait aller. Elle admet que les quatre évangiles ne sont pas des rapports de témoins oculaires, mais des remaniements ultérieurs d'écrits perdus, et que quatre tout au plus des épitres attribuées à Saint-Paul sont authentiques. Elle biffe, comme inadmissibles, de la narration historique, tous les miracles et toutes les contradictions ; de ce qui reste elle cherche à sauver tout ce qui est sauvable, et en cela transparaît son caractère d'école théologique. Et c'est grâce à cette école que Renan, qui en grande partie se fonde sur elle, a pu, en appliquant la même méthode, opérer bien d'autres sauvetages encore. En outre de nombre de narrations du Nouveau Testament plus que douteuses, il veut nous imposer quantités de légendes de martyrs comme authentiquées historiquement. Dans tous les cas, tout ce que l'école de Tubingue rejette du Nouveau Testament comme apocryphe, ou comme n'étant pas historique, peut être considéré comme définitivement écarté de la science.

L'autre tendance est représentée par un seul homme, Bruno Bauer. Son grand mérite est d'avoir hardiment critiqué les évangiles et les épîtres apostoliques, d'avoir été le premier à procéder sérieusement dans l'examen, non seulement des éléments juifs et greco-alexandrins, mais aussi dans les éléments grecs et greco-romains qui ouvrirent au christianisme la voie à la religion universelle. La légende du christianisme né de toute pièce du judaïsme, partant de la Palestine pour conquérir le monde au moyen d'une dogmatique et d'une éthique arrêtées dans les grandes lignes, est devenue impossible depuis Bauer; désormais elle pourra tout au plus continuer à végéter dans les facultés théologiques et dans l'esprit des gens qui veulent « conserver la religion pour le peuple » même au prix de la science. Dans la formation du christianisme, tel qu'il a été élevé au rang de religion d'Etat par Constantin, l'école de Philon d'Alexandrie et la philosophie vulgaire greco-romaine, platonique et notamment stoïque, ont eu leur large part. Cette part est loin d'être établie dans les détails, mais le fait est démontré, et c'est là, d'une manière prépondérante, l'œuvre de Bruno Bauer; il a jeté les bases de la preuve que le christianisme n'a pas été importé du dehors, de la Judée, et imposé au monde greco-romain, mais qu'il est, du moins dans la forme qu'il a revêtu comme religion universelle, le produit tout spécial de ce monde. Naturellement dans ce travail, Bauer dépassa de beaucoup le but, comme il arrive à tous ceux qui combattent des préjugés invétérés. Dans l'intention de montrer l'influence de Philon et surtout de Sénèque sur le christianisme naissant, même au point de vue littéraire, et de représenter formellement les auteurs du Nouveau Testament comme des plagiaires de ces philosophes, il est obligé de retarder l'apparition de la nouvelle religion d'un-demi siècle, de rejeter les rapports contraires des historiens romains, et en général, de prendre de graves libertés avec l'histoire reçue. Selon lui le christianisme, comme tel, n'apparaît que sous les empereurs Flaviens, la littérature du Nouveau Testament que sous Hadrian, Antonin et Marc-Aurèle. De cette sorte disparait chez Bauer tout fond historique pour les narrations du Nouveau Testament relatives à Jésus et à ses disciples ; elles se résolvent en légendes où les phases de développement internes et les conflits d'âmes des premières communautés sont attribués à des personnes plus ou moins fictives. Ni Galilée ni Jérusalem, mais bien Alexandrie et Rome sont, d'après Bauer, les lieux de naissance de la nouvelle religion.

Par conséquent, si l'école de Tubingue dans le résidu, incontesté par elle, de l'histoire et de la littérature du Nouveau Testament, nous a offert l'extrême maximum de ce que la science peut, de nos jours encore, laisser passer comme sujet à controverse, Bruno Bauer nous apporte le maximum de ce qu'elle peut y attaquer. Entre ces limites se trouve la vérité. Que celle-ci avec nos moyens actuels soit susceptible d'être déterminée, paraît bien problématique. De nouvelles trouvailles, notamment à Rome, dans l'Orient et avant tout en Égypte, y contribueront bien davantage que toute critique.

Or, il y a dans le Nouveau Testament un seul livre dont il soit possible, à quelques mois près, de fixer la date de rédaction, lequel a dû être écrit en juin 67 et janvier ou avril 68, un livre qui par conséquent, appartient aux tous premiers temps chrétiens, qui en reflète les notions avec la plus naïve sécurité dans une langue idiomatique correspondante ; qui, partant, est à mon sens autrement important pour déterminer ce que fut réellement le christianisme primitif que tout le reste du Nouveau Testament, de beaucoup postérieur en date dans sa réaction actuelle. Ce livre est la soi-disant Apocalypse de Jean : et comme, par surcroît, ce livre en apparence le plus obscur de toute la Bible est devenu aujourd'hui, grâce à la critique allemande, le plus compréhensible et le plus transparent de tous, je demande à en entretenir le lecteur.

Il suffit de jeter un coup d'œil sur ce livre pour

se convaincre de l'état d'exaltation de l'auteur et du « milieu ambiant » où il vivait. Notre « Apocalypse » n'est pas la seule de son espèce et de son temps. De l'an 164 avant notre ère, d'où date la première qui nous ait été conservée, le livre dit de Daniel, jusqu'à environ 250 de notre ère, la date approximative du Carmen de Commodien, Renan ne compte pas moins de 15 « Apocalypses » classiques parvenues jusqu'à nous, sans parler des imitations ultérieures. (Je cite Renan parce que son livre est le plus accessible et le plus connu en dehors des cercles professionnels). Ce fut un temps où à Rome et en Grèce, mais bien davantage encore en Asie-Mineure, en Syrie et en Egypte, un mélange disparate des plus crasses superstitions de tous les pays était accepté sans examen et complété par de pieuses fraudes et un charlatanisme direct ; où la thaumaturgie, les convulsions, les visions, la divination de l'avenir, l'alchimie, la Kabbale et autres sorcelleries occultes tenaient le premier rôle. Ce fut là l'atmosphère dans laquelle le christianisme primitif prit naissance, et cela au milieu d'une classe de gens qui, plus que tout autre, était ouverte à ces imaginations surnaturelles. Aussi bien les gnostiques chrétiens d'Egypte, comme, entre autres choses, le prouvent les papyrus de Leyde, se sont-ils, au IIe siècle de l'ère chrétienne, fortement adonnés à l'alchimie, et ont-ils incorporé des notions alchimistes dans leurs doctrines. Et les *mathematici* chaldéens et juifs qui, d'après Tacite, furent à deux reprises, sous Claude et encore sous Vitellius, chassés de Rome pour magie, n'exercèrent pas d'autres arts géométriques que ceux que nous retrouverons au cœur même de l'Apocalypse de Jean.

A cela s'ajoute que toutes les Apocalypses se reconnaissent le droit de tromper leurs lecteurs. Non seulement, en règle générale, sont-elles écrites par de tout autres personnes que leurs auteurs prétendus, pour la plupart plus modernes, par exemple, le livre de Daniel, le livre d'Hénoch, les Apocalypses d'Esdra, de Baruch, de Jude, etc., les livres sibyllins, mais ils ne prophétisent au fond que des choses arrivées depuis longtemps et parfaitement connues de l'auteur véritable. C'est ainsi qu'en l'an 146, peu de temps avant la mort d'Antiochus Epiphane, l'auteur du livre de Daniel fait prédire à Daniel, censé vivre à l'époque de Nabuchodonozor, l'ascendant et le déclin de la domination de la Perse et de la Macédoine et le commencement de l'empire mondial de Rome, en vue de prédisposer ses lecteurs, par cette preuve de ses dons prophétiques, à accepter sa prophétie finale : que le peuple d'Israël surmontera toutes ses tribulations et sera enfin victorieux. Si donc l'Apocalypse de Jean était réellement l'ouvrage de l'auteur prétendu, elle constituerait l'unique exception dans la littérature apocalyptique.

Le Jean qui se donne pour l'auteur, était en tous cas un homme très considéré parmi les chrétiens de l'Asie-Mineure. Le ton des épîtres missives aux sept communautés nous en est garant. Il se pourrait donc que ce fut l'apôtre Jean, dont l'existence historique, si elle n'est pas absolument authentiquée, est du moins très vraisemblable. Et si cet apôtre en était effectivement l'auteur, ce ne serait que tant mieux pour notre thèse. Ce serait la meilleure preuve que le christianisme de ce livre est le véritable, le vrai christianisme primitif. Il est prouvé, soit dit en passant, que la Révélation ne procède pas du même auteur que l'Evangile ou les trois épîtres également attribuées à Jean.

L'Apocalypse consiste en une série de visions. Dans la première, le Christ apparaît, vêtu en grand prêtre, marchant entre sept chandeliers d'or, qui représentent les sept communautés asiatiques, et dicte à « Jean » des lettres aux sept « anges » de ces communautés. Dès le début la différence perce d'une manière frappante entre ce christianisme-ci et la religion universelle de Constantin formulée par le Concile de Nicée. La trinité non seulement est inconnue, elle est ici une impossibilité. A la place du Saint-Esprit *unique* ultérieur nous avons les « sept esprits de Dieu », tirés par les rabbins, d'Esaïe XI, 2. Jésus-Christ est le fils de Dieu, le premier et le dernier, l'alpha et l'oméga, mais nullement lui-même Dieu, ou l'égal de Dieu ; il est au contraire « le principe de la *création* de Dieu » par conséquent une émanation de Dieu, existant de tout temps, mais subordonnée, analogue aux sept esprits mentionnés plus haut. Au chapitre XV, 3, les martyrs au ciel « chantent le cantique de Moïse, serviteur de Dieu et le cantique de l'agneau », pour la glorification de Dieu. Jésus-Christ est crucifié à Jérusalem (XI, 8) mais il est ressuscité (I, 5, 8), il est l'agneau qui a été sacrifié pour les péchés du monde et avec le sang duquel les fidèles de tous les peuples et de toutes langues sont rachetés à Dieu. Ici gît la conception fondamentale qui permit au christianisme de s'épanouir en religion universelle. La notion que les Dieux, offensés par les actions des hommes, pouvaient être rendus propices par des sacrifices, était commune à toutes les religions des Sémites et des Européens ; ce fut la première conception fondamentale révolutionnaire du christianisme (empruntée à l'école de Philon) : que par un grand sacrifice volontaire d'un médiateur, les péchés de tous les temps et de tous les hommes étaient expiés une fois pour toutes, pour les fidèles. De la sorte disparaissait la nécessité de tout sacrifice ultérieur, et par suite la base de nombres de cérémonies religieuses. Or, se débarrasser de cérémonies qui entravaient ou interdisaient le commerce avec des hommes de croyances différentes était la condition indispensable d'une religion universelle. Et nonobstant, si ancrée dans les mœurs populaires était l'habitude des sacrifices que le catholicisme, qui réadopta tant de coutumes païennes, jugea utile de s'accommoder à ce fait en introduisant tout au moins le symbolique sacrifice de la messe. Par contre, nulle trace dans notre livre du dogme du péché originel.

Ce qui surtout caractérise ces épîtres missives ainsi que le livre tout entier, c'est que jamais et nulle part il ne vient à l'idée de l'auteur de se désigner, lui et ses co-religionnaires, autrement que comme *juifs*. Aux sectaires de Smyrne et de Philadelphie, contre lesquels il s'élève, il reproche : « Ils se disent être juifs et ne le sont pas, mais sont de la Synagogue de Satan » ; de ceux de Pergame, il dit : « Ils retiennent la doctrine de Balaam, lequel enseignait Balac à mettre un scandale *devant les enfants d'Israël*, afin qu'ils mangeassent des choses sacrifiées aux idoles et qu'ils se livrassent à la fornication ». Ce n'est donc pas à des chrétiens conscients que nous avons à faire ici, mais à des gens qui se donnent pour juifs ; leur judaïsme, sans doute, est une nouvelle phase de développement de l'ancien ; c'est précisément pour cela qu'il est le seul vrai. C'est pourquoi, lors de l'apparition des saints devant le trône de Dieu, viennent en premier lieu 144.000 juifs, 12.000 de chaque tribu, et seulement ensuite l'innombrable foule des païens convertis à ce judaïsme renouvelé ! Notre auteur, en l'an 69 de notre ère, était loin de se douter qu'il représentait une phase toute nouvelle de l'évolution religieuse, appelée à devenir un des éléments les plus révolutionnaires dans l'histoire de l'esprit humain.

Ainsi, on le voit, le christianisme inconscient d'alors était à mille lieues de la religion universelle, dogmatiquement arrêtée par le Concile de Nicée. Ni la dogmatique, ni l'éthique ultérieure ne s'y rencontre ; en revanche, il y a le sentiment qu'on est en lutte contre tout un monde et que l'on sortira vainqueur de cette lutte ; une ardeur belliqueuse et une certitude de vaincre qui font complètement défaut chez les chrétiens de nos jours et ne se rencontrent plus qu'à l'autre pôle de la société, — chez les socialistes.

En fait, la lutte contre un monde tout-puissant, et la lutte simultanée des novateurs entre eux, est commune à tous deux, et aux chrétiens primitifs et aux socialistes. Les deux grands mouvements ne sont pas faits par des chefs et des prophètes, — bien que les prophètes ne manquent ni chez l'un ni chez l'autre ; ce sont des mouvements de masse. Et, tout mouvement de masses est, au début, nécessairement confus ; confus, parce que toute pensée de masses se meut, d'abord, dans des contradictions, parce qu'elle manque de clarté et de cohérence ; confus, encore, précisément à cause du rôle qu'y jouent les prophètes, dans les commencements. Cette confusion se manifeste dans la formation de nombreuses sectes qui se combattent entre elles avec au moins autant d'acharnement que l'ennemi commun du dehors. Cela se passa ainsi dans le christianisme primitif; cela se passa de même dans les commencements du mouvement socialiste, pour si chagrinant que cela fût pour les honnêtes gens bien intentionnés qui prêchèrent l'union, alors que l'union n'était pas possible.

Est-ce que, par exemple, l'Internationale était tenue en état de cohésion par un dogme unitaire ? En aucune façon. Il y avait là des communistes selon la tradition française d'avant 1848, qui eux, à leur tour, représentaient des nuances différentes, des communistes de l'école de Weitling, d'autres encore, appartenant à la ligue régénérée des communistes ; des Proudhoniens qui étaient l'élément prédominant en France et en Belgique ; des Blanquistes ; le parti ouvrier allemand ; enfin des anarchistes Bakounistes, qui, un moment, eurent le dessus ; — et ce n'étaient là que les groupes principaux. A dater de la fondation de l'Internationale, il a fallu un quart de siècle pour effectuer la séparation d'avec les anarchistes d'une manière définitive et générale, et pour établir un accord tout au moins sur les points de vue économiques les plus généraux. Et cela avec nos moyens de communication, les chemins de fer, les télégraphes, les villes industrielles monstres, la presse et les réunions populaires organisées. Même division en innombrables sectes chez les premiers chrétiens, division qui justement était le moyen d'amener la discussion et d'obtenir l'unité ultérieure. Nous la constatons déjà dans ce livre indubitablement le plus ancien document chrétien, et notre auteur fulmine contre elle avec le même emportement qu'il déploie contre le monde pêcheur du dehors tout entier. Voilà tout d'abord les Nicolaïtes, à Ephèse et à Pergame ; ceux qui se disent être juifs, mais qui sont la synagogue de Satan, à Smyrne et Philadelphie ; les adhérents de la doctrine du faux prophète, désigné comme Balaam, à Pergame ; ceux qui se disent être des prophètes et qui ne le sont pas, à Ephèse ; enfin, les partisans de la fausse prophétesse, désignée comme Jézabel à Thyatire. Nous n'apprenons rien de plus précis sur ces sectes; seulement des successeurs de Balaam et de Jézabel, il est dit qu'ils mangent des choses sacrifiées aux idoles et se livrent à la fornication.

On a essayé de représenter ces cinq sectes comme autant de chrétiens Pauliens, et toutes ces épîtres comme étant dirigées contre Paul, le faux apôtre, le prétendu Balaam et « Nicolas ». Les arguments peu soutenables qui s'y rapportent, se trouvent réunis chez Renan, *Saint Paul* (Paris 1869, pages 303-305, 367-370). Tous, ils aboutissent à expliquer nos épîtres missives par les Actes des Apôtres et les épîtres dites de Paul ; écrits qui, dans leur rédaction actuelle, sont de 60 ans postérieurs à la Révélation ; dont les données relatives à celles-ci sont donc plus que douteuses, et qui, de plus, se contredisent absolument entre elles. Mais ce qui tranche la question, c'est qu'il n'a pu venir à l'esprit de notre auteur de donner à une seule et même secte cinq désignations différentes : deux pour la seule Ephèse (faux apôtres et Nicolaïtes), et deux également pour Pergame (les Balamites et les Nicolaïtes), et cela en les désignant expressément comme deux sectes différentes. Toutefois, nous n'entendons pas nier que parmi ces sectes il ait pu se trouver des éléments que l'on considèrerait aujourd'hui comme des sectes Pauliennes.

Dans les deux passages où l'on entre dans des particularités, l'accusation se borne à la consommation de choses sacrifiées aux idoles et à la fornication, les deux points sur lesquels les juifs — les anciens aussi bien que les juifs chrétiens — étaient en dispute perpétuelle avec les païens convertis. On servait de la viande provenant des sacrifices païens non seulement aux festins, où refuser les mets servis pouvait paraître inconvenant, et devenir dangereux, on en vendait aussi dans les marchés publics où il n'était guère possible de discerner à la vue si elle était *Koscher* ou non. Par la fornication ces mêmes juifs n'entendaient pas seulement le commerce sexuel hors du mariage, mais aussi le mariage dans les degrés de parenté prohibés, ou bien encore entre juifs et païens, et c'est là le sens, qui, d'ordinaire, est donné au mot dans le passage des Actes des Apôtres (XV, 20 et 29). Mais notre Jean a une façon de voir à lui en ce qui concerne le commerce sexuel permis au juifs orthodoxes. Il dit (XIV 4), des 144.000 juifs célestes. « Ce sont ceux qui ne se sont pas souillés avec les femmes, car ils sont vierges ». Et de fait, dans le ciel de notre Jean, il n'y a pas une seule femme. Il appartient donc à cette tendance, qui se manifeste également en d'autres écrits du christianisme primitif, qui tient pour péché le commerce sexuel en général. Si en outre l'on tient compte de ce fait qu'il appelle Rome la grande prostituée avec laquelle les rois de la terre ont forniqué et qui a enivré du vin de sa prostitution les habitants de la terre — et les marchands de la terre sont devenus riches de l'exès de son luxe, il nous est impossible de comprendre le mot de l'épître, dans le sens étroit que l'apologétique théologique voudrait lui attribuer, à seule fin d'en extraire une confirmation pour d'autres passages du Nouveau Testament. Bien au contraire, certains passages indiquent clairement un phénomène commun à toutes les époques profondément troublées, à savoir qu'en même temps qu'on ébranle toutes les barrières, on cherche à relâcher les liens traditionnels du commerce sexuel. Dans les premiers siècles chrétiens, à côté de l'ascétisme qui mortifie la chair, assez souvent la tendance se manifeste d'étendre la liberté chrétienne aux rapports, plus ou moins affranchis d'entraves, entre hommes et femmes. La même chose est arrivée dans le mouvement socialiste moderne.

Quelle sainte indignation n'a pas provoqué après 1830, dans l'Allemagne d'alors — « ce pieux pouponnat », comme l'appelait Heine — la réhabilitation de la chair Saint-Simonienne ! La plus indignée fut la gent aristocratique qui dominait à l'époque, (je ne dis pas la classe aristocratique, vu qu'en 1830 il n'existait pas encore de classes chez nous). et qui, pas plus à Berlin que dans ses propriétés de campagne, ne savait vivre sans une réhabilitation de la chair toujours réitérée. Qu'eussent-ils dit, les bonnes gens, s'ils avaient connu Fourier, qui met en perspective pour la chair bien d'autres cabrioles. Une fois l'utopisme dépassé, ces extravagances ont fait place à des notions rationnelles, et en réalité, bien plus radicales; et depuis que l'Allemagne du pieux pouponnat de Heine est devenu le centre du mouvement socialiste, on se moque de l'indignation hypocrite du monde aristocratique.

C'est là tout le contenu dogmatique des épîtres. Quant au reste, elles excitent les camarades à la propagande énergique, à la fière et courageuse confession de leur foi à la face de leurs adversaires, à la lutte sans relâche contre l'ennemi du dehors et du dedans; et pour ce qui est de cela, elles auraient pu tout aussi bien être écrites par un enthousiaste, tant soit peu prophète, de l'Internationale.

III

Les épîtres missives ne sont que l'introduction au vrai thème de la communication de notre Jean aux sept communautés de l'Asie Mineure et, par elles, à toute la juiverie réformée de l'an 69, d'où la chrétienté est sortie plus tard. Et ici nous entrons dans le sanctuaire du christianisme.

Parmi quelles gens les premiers chrétiens se recrutèrent-ils? Principalement parmi les « fatigués et chargés », appartenant aux plus basses couches du peuple, ainsi qu'il convient à un élément révolutionnaire. Et de qui ces couches se composaient-elles ? Dans les villes, d'hommes libres déchus — de toute espèce de gens, semblables aux *meanwhites* des états esclavagistes du Sud, aux aventuriers et aux vagabonds européens des villes maritimes coloniales et chinoises, ensuite d'affranchis et surtout d'esclaves; sur les *latifundia* d'Italie, de Sicile et d'Afrique, d'esclaves ; dans les districts ruraux des provinces, de petits paysans, de plus en plus asservis par les dettes. Une voie commune d'émancipation pour tant d'éléments divers n'existait pas. Pour tous le paradis perdu était derrière eux ; pour l'homme libre déchu, la *polis*, cité et état tout ensemble, de laquelle ses ancêtres avaient autrefois été libres citoyens ; pour les prisonniers de guerre, esclaves, l'ère de la liberté, avant l'assujettissement et la captivité ; pour le petit paysan, la société gentile et la communauté du sol anéanties. Tout cela la main de fer du Romain conquérant l'avait jeté bas. Le groupement social le plus considérable que l'antiquité ait su créer était la tribu et la confédération des tribus apparentées, groupement basé, chez les Barbares, sur les ligues de consanguins ; chez les Grecs, fondateurs de villes, et les Italiotes, sur la *polis*, comprenant une ou plusieurs tribus ; Philippe et Alexandre donnèrent à la péninsule Hellénique l'unité politique, mais il n'en résulta pas la formation d'une nation grecque. Les nations ne devenaient possibles qu'après la chute de l'empire mondial de Rome. Celui-ci mit fin une fois pour toutes aux petits groupements ; la force militaire, la juridiction romaine, l'organisation pour la perception des impôts, dissolvèrent complètement l'organisation intérieure transmise. A la perte de l'indépendance et de l'organisation particulière, vint s'ajouter le pillage par les autorités militaires et civiles, qui commençaient par dépouiller les asservis de leurs trésors, pour ensuite les leur prêter de nouveau, afin de pouvoir de nouveau les pressurer. Le poids des impôts et le besoin d'argent qui en résultait, achevaient la ruine des paysans, introduisaient une grande disproportion dans les fortunes, enrichissaient les riches et appauvrissaient tout à fait les pauvres. Et toute résistance des petites tribus isolées ou des villes à la gigantesque puissance de Rome était désespérée. Quel remède à cela, quel refuge pour les asservis et les opprimés, les appauvris ; quelle issue commune pour ces groupes humains divers, aux intérêts disparates ou opposés ? Il fallait bien, pourtant, en trouver une, dût un seul grand mouvement révolutionnaire les embrasser tous.

Cette issue on la trouva ; mais non pas dans ce monde. Et, en l'état des choses d'alors, seule la religion pouvait l'offrir. Un nouveau monde s'ouvrit. L'existence de l'âme, après la mort corporelle, était petit à petit devenue un article de foi généralement reconnu dans le monde romain. De plus, une façon de peines et de récompenses pour les trépassés, suivant les actions commises de leur vivant, était partout de plus en plus admise. Pour les récompenses. à la vérité, cela sonnait un peu creux ; l'antiquité était, de sa nature, trop matérialiste pour ne pas attacher infiniment plus de prix à la vie réelle qu'à la vie dans le royaume des ombres ; chez les Grecs, l'immortalité passait plutôt pour un malheur. Advint le christianisme, qui prit au sérieux les peines et les récompenses dans l'autre monde, qui créa le ciel et l'enfer ; et voilà trouvée la voie pour conduire les fatigués et les chargés de cette vallée de larmes au Paradis éternel. En fait, il fallait l'espoir d'une récompense dans l'au-delà pour arriver à élever le renoncement au monde et l'ascétisme stoïcien-philonien en un principe éthique fondamental d'une nouvelle religion universelle capable d'entraîner les masses opprimées.

Cependant la mort n'ouvre pas d'emblée ce paradis céleste aux fidèles. Nous verrons que ce royaume de Dieu, dont la nouvelle Jérusalem est la capitale, ne se conquiert et ne s'ouvre qu'à la suite de formidables luttes avec les puissances infernales. Or, les premiers chétiens se représentaient ces luttes comme imminentes. Dès le début, notre Jean désigne son livre comme la révélation de ce qui doit « *arriver bientôt* » ; peu après, au verset 3, il dit : « Bienheureux est celui qui lit et ceux qui écoutent les paroles de cette prophétie, car le *temps est proche* » ; à la communauté de Philadelphie, Jésus-Christ fait écrire : « Voici je viens *bientôt.* » Et, au dernier chapitre, l'ange dit qu'il a manifesté à Jean « les choses qui doivent arriver bientôt », et lui commande : « Ne cachette point les paroles de la prophétie du livre, parce que le temps est *proche* », et Jésus-Christ lui-même dit, à deux reprises, versets 12 et 20 : « Je viens bientôt. » Nous verrons par la suite combien tôt ce bientôt était attendu.

Les visions apocalyptiques, que l'auteur fait maintenant passer sous nos yeux, sont toutes, et pour la plupart littéralement, empruntées à des modèles antérieurs. En partie, aux prophètes classiques de l'ancien Testament, surtout à Ezéchiel, en partie, aux Apocalypses juives postérieures, composées d'après le prototype du livre de Daniel, et surtout au livre d'Hénoch, déjà rédigé, du moins en partie, à cette époque. Les critiques ont démontré, jusque dans les moindres détails, d'où notre Jean a tiré chaque image, chaque pronostic sinistre, chaque plaie infligée à l'humanité incrédule, bref, l'ensemble des matériaux de son livre ; ainsi non seulement il fait montre d'une pauvreté d'esprit peu commune, mais il fournit lui-même la preuve que ses prétendues visions et convulsions, il ne les a pas vécues, même en imagination, comme il les a dépeintes.

Voici, en quelques mots, la marche de ces apparitions. Jean voit Dieu assis sur son trône, un livre fermé de sept sceaux à la main ; devant lui est l'agneau (Jésus), égorgé, mais de nouveau vivant, qui est trouvé digne d'ouvrir les sceaux. L'ouverture des sceaux est suivie de signes et de prodiges menaçants. Au cinquième sceau Jean aperçoit sous l'autel de Dieu les âmes des martyrs qui avaient été tués pour la parole de Dieu : « et elles criaient à haute voix, disant, jusqu'à quand, Seigneur, ne juges-tu point et ne venges-tu point notre sang de ceux qui habitent sur la terre ? » Là-dessus on leur donne à chacun une robe blanche et on les engage à patienter encore un peu ; il reste d'autres martyrs qui doivent être mis à mort. Ici donc il n'est pas question encore de la « Religion de l'amour » du « aimez ceux qui vous haïssent, bénissez ceux qui vous maudissent », etc..., ici l'on prêche ouvertement la vengeance, la haine, l'honnête vengeance à tirer des ennemis des chrétiens. Et il en est ainsi tout le long du livre. Plus la crise approche, plus les plaies, les jugements, pleuvent dru du ciel, et plus notre Jean éprouve de la joie à annoncer que la plupart des hommes ne se repentent toujours pas, et refusent de faire pénitence pour leurs péchés ; que de nouvelles plaies doivent fondre sur eux, que le Christ doit les gouverner avec une verge de fer et fouler le pressoir du vin de la colère de Dieu, mais que néanmoins les mécréants restent endurcis. C'est le sentiment naturel, éloigné de toute hypocrisie, qu'on est en lutte, et que, *à la guerre comme à la guerre.* A l'ouverture du septième sceau apparaissent sept anges avec des trompettes : chaque fois qu'un ange sonne de la trompette, il arrive de nouvelles horreurs. Au septième éclat de la trompette, sept nouveaux anges entrent en scène, portant les sept fioles de la colère de Dieu qui sont versées sur la terre, et de nouveau il pleut des fléaux et des jugements ; en majeure partie une fastidieuse répétition de ce qui a déjà eu lieu nombre de fois. Puis vient la femme, Babylone, la grande prostituée, vêtue de pourpre et d'écarlate, assise sur plusieurs eaux, enivrée du sang des saints et du sang des martyrs de Jésus, c'est la grande cité qui a son règne sur les rois de la terre. Elle est assise sur une bête qui a sept têtes et dix cornes,

Les sept têtes sont sept montagnes, ce sont aussi sept « rois ». De ces rois les cinq sont tombés ; l'un est, le septième doit venir, et après lui vient un huitième qui sort des premiers cinq, qui était blessé à mort, mais qui a été guéri. Celui-ci règnera sur la terre 42 mois ou trois ans et demi (la moitié d'une semaine d'années de sept ans), persécutera les fidèles jusqu'à la mort et fera triompher les profanes. Ensuite se livre la grande bataille décisive, les saints et les martyrs sont vengés par la destruction de la grande prostituée, Babylone, et de tous ses partisans, c'est-à-dire de la grande majorité des hommes ; le diable est précipité dans l'abîme, y est enchaîné pour mille ans, pendant lesquels règne le Christ avec les martyrs ressuscités. Quand les mille ans sont accomplis le diable est délié : suit une dernière bataille de spectres dans laquelle il est définitivement vaincu. Une seconde résurrection a lieu, le reste des morts ressuscitent et comparaissent devant le trône de Dieu (non pas du Christ, remarquez bien) et les fidèles entrent par un nouveau ciel, une nouvelle terre et une nouvelle Jérusalem, dans la vie éternelle.

De même que tout cet échafaudage est dressé avec des matériaux exclusivement juifs, pré-chrétiens, de même il offre presque exclusivement des conceptions juives.

Depuis que les choses allaient mal pour le peuple d'Israël, à partir du moment où il devenait tributaire de l'Assyrie et de Babylone, jusqu'à son assujettissement aux Seleucides, c'est-à-dire d'Isaïe jusqu'à Daniel, on prophétisa, aux heures des tribulations, un sauveur providentiel. Au chapitre XII, 1, 3, de Daniel se trouve la prophétie de la descente de Micaël, l'ange gardien des juifs, qui les délivrera dans leur détresse ; « beaucoup de morts ressusciteront », il y aura une sorte de jugement dernier, « et ceux qui en auront amené plusieurs à la justice luiront comme des étoiles, à toujours et à perpétuité ». De chrétien il n'y a là que l'insistance sur l'imminence du royaume de Jésus-Christ et sur la félicité des ressucités, particulièrement des martyrs.

C'est à la critique allemande, et surtout à Ewald, Lücke et Ferdinand Benary, que nous sommes redevables de l'interprétation de cette prophétie, pour autant qu'elle se rapporte aux événements de l'époque. Grâce à Renan, elle a pénétré dans d'autres milieux que les cercles théologiques. La grande prostituée, Babylone, signifie, on l'a vu, la ville aux sept collines. De la tête sur laquelle elle est assise, il est dit XVII, 9, II : « Les sept têtes sont sept montagnes. Ce sont aussi sept rois, les cinq sont tombés ; l'un est et l'autre n'est pas encore venu, et quand il sera venu il faut qu'il demeure un peu de temps. Et la bête qui était et qui n'est plus, c'est aussi un huitième roi, elle vient des sept, mais elle tend à sa ruine ».

La bête est donc la domination mondiale de Rome, représentée successivement par sept empereurs, dont l'un est blessé à mort et ne règne plus, mais a été guéri, et va revenir, afin d'accomplir le règne du blasphème et de la rebellion contre Dieu. « Et il lui fut donné de faire la guerre aux saints et de les vaincre. Il lui fut donné puissance sur toute tribu, langue et nation ; de sorte qu'elle sera adorée par tous ceux qui habitent sur la terre, dont les noms ne sont pas écrits au livre de l'agneau. » — « Et elle faisait que tous, petits et grands, riches et pauvres, libres et esclaves, prenaient une marque, ou le nom de la bête ou le nombre de son nom. Ici est la sagesse. Que celui qui a de l'intelligence, compte le nombre de la bête, car c'est un nombre d'hommes, et son nombre est six cent soixante-six » (XIII, 7-118).

Constatons seulement que le boycott est mentionné ici comme une mesure à employer par la puissance romaine contre les chrétiens — qu'il est donc manifestement une invention du diable — et passons à la question de savoir qui est cet empereur romain qui a déjà régné, qui a été blessé à mort et qui revient comme le huitième de la série pour jouer l'Antechrist.

Après Auguste, 1, nous avons : 2, Tibère ; 3, Galigula ; 4, Claude ; 5, Néron ; 6, Galba. « Cinq sont tombés, lui est ». A savoir : Néron est déjà tombé, Galba est, Galba régna du 9 juin 68 jusqu'au 15 janvier 69. Mais aussitôt qu'il fut monté sur le trône, les légions du Rhin se levèrent sous Vitelius, cependant qu'en d'autres provinces d'autres généraux préparèrent des soulèvements militaires. A Rome même les prétoriens se soulevèrent, tuèrent Galba et proclamèrent Othon.

Il résulte de ceci que notre apocalypse a été écrite sous Galba, vraisemblablement vers la fin de son règne, ou au plus tard, pendant les trois mois (jusqu'au 15 avril 69) du règne d'Othon, le septième. Mais qui est le huitième, qui a été et n'est pas ? Le nombre 666 nous l'apprendra.

Parmi les Semites ; — les Chaldéens et les Juifs — de cette époque, un art magique était en vogue basé sur la double signification des lettres. Depuis environ 300 ans avant notre ère les lettres hébraïques étaient également employées comme chiffres : $a = 1$, $b = 2$, $g = 3$, $d = 4$, et ainsi de suite. Or les devins kabalistes additionnaient ensemble les valeurs numériques des lettres d'un nom, et à l'aide de la somme totale obtenue, par la formation de mots ou de combinaisons de mots d'une égale valeur numérique qui comportaient des inductions, cherchèrent à prédire l'avenir du porte-nom. Pareillement, des mots furent exprimés dans cette langue de chiffres. On appelait cet art d'un nom grec, *ghematriah*, géométrie ; les Chaldéens qui l'exerçaient comme un métier, et que Tacite signale comme des *mathematici*, furent chassés de Rome.

C'est au moyen justement de cette mathématique qu'a été produit le nombre 666. Derrière lui se cache le nom d'un des cinq premiers empereurs romains. Or, Irénée, à la fin du IIe siècle, outre le nombre 666, connaissait la variante **616** qui, elle aussi, datait d'un temps où l'enigme des chiffres était encore connu. Si la solution répond également aux deux nombres la preuve en est faite.

Ferdinand Benary a trouvé cette solution. Le nom est Néron. Le nombre est fondé sur Néron Kesar, la transcription hébraïque — ainsi que le constatent le Talmud et les inscriptions palmyriennes — du grec Néron Kaisar, Néron empereur, que portait comme légende la monnaie de Néron, frappée dans les provinces de l'Est de l'empire. Ainsi : n (num) = 50, r (resch) = 200, v (vav) pour 0 = 6, n (nun) = 50, R (Raph) = 100, s (samech) = 60 et r (resch = 200, total = **666**. Or, en prenant pour base la forme latine, Nero Cæsar, le second n (nun) est supprimé, et nous obtenons 666 — 50 = 616, la variante d'Irénée.

Effectivement, l'empire romain au temps de Galba, était en désarroi. Galba lui-même, à la tête des légions d'Espagne et de la Gaule, avait marché sur Rome pour renverser Néron ; celui-ci s'enfuit et se fit tuer par un affranchi. Et non seulement les prétoriens à Rome, mais encore les commandants dans les provinces, conspiraient contre Galba ; partout surgissaient des prétendants au trône, faisant des préparatifs pour se diriger avec leurs légions sur la capitale. L'empire semblait livré à la guerre intestine ; sa chute paraissait imminente.

Pour comble, le bruit se répandit que Néron n'était pas mort, mais seulement blessé, qu'il s'était réfugié chez les Parthes, qu'il passerait l'Euphrate et viendrait avec une force armée pour inaugurer un nouveau et plus sanglant règne de terreur. L'Achaïe et l'Asie en particulier furent mises en émoi par de tels rapports. Et justement au moment où l'Apocalypse a dû être composée, parut un faux Néron qui s'établit dans l'Ile de Cythnos, la Thermia moderne, dans la mer d'Egée, près de Patmos et de l'Asie Mineure, jusqu'à ce qu'il fut tué sous Othon. Quoi d'étonnant à ce que parmi les chrétiens, en butte aux premières grandes persécutions de Néron, l'opinion se soit propagée qu'il devait revenir comme Antechrist, que son retour et une nouvelle et plus sérieuse tentative d'extermination de la jeune secte seraient le présage et le prélude du retour de Christ, de la grande bataille victorieuse contre les puissances de l'enfer, du règne de mille ans à établir « bientôt » et dont l'arrivée certaine fit que les martyrs allèrent allègrement à la mort.

La littérature chrétienne des deux premiers siècles donne assez d'indices que le secret du chiffre 666 était alors connu de nombre de personnes. Irénée qui ne le connaissait plus savait, par contre, comme beaucoup d'autres jusqu'à la fin du IIIe siècle, que la bête de l'Apocalypse signifiait Néron qui revenait. Puis cette dernière trace se perd et notre Apocalypse est livrée à l'interprétation fantastique de devins orthodoxes ; moi-même j'ai connu encore des vieilles gens qui d'après les calculs du vieux Johann Albrecht Bengel attendaient le jugement dernier pour l'an 1836. La prophétie s'est réalisée à la lettre. Seulement le jugement dernier n'atteignit pas le monde des pécheurs, mais bien les pieux interprètes de l'Apocalypse eux-mêmes. Car, en cette même année de 1836, F. Benary fournit la clef du nombre 666 et mit un terme à tout ce calcul divinatoire, à cette nouvelle *ghematriah*.

Du royaume céleste reservé aux fidèles, notre Jean ne nous offre qu'une description des dehors. D'après les notions de l'époque, la nouvelle Jérusalem est d'ailleurs construite sur un plan suffisamment grandiose : un carré de 1.200 stades de côté = 2.227 kilomètres, plus que la moitié des Etats-Unis d'Amérique, bâtie en or et pierres précieuses. Là habite Dieu, au milieu des siens, et il les éclaire à la place du soleil ; la mort n'est plus et il n'y a plus ni deuil, ni cri, ni travail ; un fleuve d'eau vive coule à travers la ville, sur ses bords croît l'arbre de la vie portant douze fruits, et rendant son fruit chaque mois, et les feuilles de l'arbre sont « pour la santé des gentils » (à la façon d'un thé médicinal, selon Renan, *l'Antechrist*, p. 452). Là vivent les saints aux siècles des siècles.

De telle sorte était fait le christianisme dans son foyer, l'Asie mineure, vers l'an 68, pour autant que nous le connaissons. Nul indice d'une Trinité — en revanche, le vieux Jehovah, un et indivisible, du judaïsme décadent, où il s'élève du dieu national juif à l'unique, au premier Dieu du ciel et de la terre, où il prétend dominer sur tous les peuples, promettant la grâce aux convertis et exterminant les rebelles sans miséricorde, fidèle en cela à l'antique *parcere subjectis ac debellare superbos*. Aussi est-ce Dieu lui-même qui préside au jugement dernier et non pas Jésus-Christ, comme dans les récits ultérieurs des Evangiles et des Epîtres. Conformément à la doctrine persane de l'émanation, familière au judaïsme décadent, le Christ est l'agneau émané de Dieu de toute éternité, il en est de même des « sept esprits de Dieu », bien qu'occupant un rang inférieur, et qui doivent leur existence à un passage poétique mal compris (Isaïe XI, 2). Ils ne sont pas Dieu ni l'égal de Dieu, mais soumis à lui. L'agneau s'offre de son plein gré comme sacrifice expiatoire pour les péchés du monde, et pour ce haut fait se voit expressément promu en grade dans le ciel ; dans tout le livre ce sacrifice volontaire lui est compté comme un acte extraordinaire et non comme une action jaillissant avec nécessité du plus profond de son être. Il est bien entendu que toute la cour céleste des anciens, des chérubins, des anges et des saints ne fait pas défaut. Pour se constituer en religion le monothéisme a dû de tout temps faire ces concessions au polythéisme, à dater du Zendavesta. Chez les juifs la conversion aux dieux païens et sensuels persiste à l'état chronique jusqu'à ce que, après l'exil, la cour céleste, modelée sur le type persan, accommode un peu mieux la religion à l'imagination populaire. Le christianisme, lui aussi, même après qu'il eût remplacé le raide et immuable Dieu des juifs par le mystérieux Dieu trinitaire différencié en lui-même, n'a pu supplanter le culte des antiques dieux parmi les masses que par le culte des saints. Ainsi le culte de Jupiter, selon Fallmerayer, ne s'est éteint dans le Péloponnèse, dans la Maïna, en Arcadie, que vers le IXe siècle (*Hist.*, *de la péninsule de la Morée I*, p. 227). Ce n'est que l'ère bourgeoise moderne et son protestantisme, qui écartent les saints à leur tour et prennent enfin au sérieux le monothéisme différencié.

Notre apocalypse ne connaît pas davantage le dogme du péché originel ni la justification par la foi. La foi de ces premières communautés, d'humeur belliqueuse, joyeuse, diffère du tout au tout de celle de l'église triomphante postérieure ; à côté du sacrifice expiatoire de l'agneau, le prochain retour de Christ et l'imminence du règne millénaire en constituent le contenu essentiel ; et ce par quoi, seule, elle se manifeste, c'est l'active propagande, la lutte sans relâche contre l'ennemi du dehors et du dedans, le fier aveu de leurs convictions révolutionnaires devant les juges païens, le martyre courageusement enduré dans la certitude de la victoire.

L'auteur, nous l'avons vu, ne soupçonne pas encore qu'il est autre chose que juif. En conséquence, aucune allusion, dans tout le livre, au baptême : aussi bien y a-t-il des indices que le baptême est une institution de la seconde période chrétienne.

Les 144.000 juifs croyants sont « scellés », non baptisés. Des saints au ciel il est dit : « Ce sont ceux qui ont lavé et blanchi leurs longues robes dans le sang de l'agneau », pas un mot du baptême. Les deux prophètes qui précèdent l'apparition de l'Antechrist (ch. XI) ne baptisent pas non plus et au ch. XIX, 10, le témoignage de Jésus n'est pas le baptême, mais l'esprit de la prophétie. Il était naturel dans toutes ces circonstances de parler du baptême, pour peu qu'il fut déjà institué. Nous sommes donc autorisé à conclure avec une presque certitude que notre auteur ne le connaissait pas et qu'il ne s'introduisit que lorsque les chrétiens se séparèrent définitivement d'avec les juifs.

Notre auteur est également dans l'ignorance du second sacrement ultérieur — l'eucharistie. Si dans le texte de Luther le Christ promet à tout Thyatirien, ayant persévéré dans la foi, d'entrer chez lui et de faire la communion avec lui, cela donne une fausse apparence. Dans le grec on lit *deipnéso*, je souperai (avec lui) et le mot est ainsi correctement rendu dans les bibles anglaises et françaises. De la Cène comme festin commémoratif il n'est pas question.

Notre livre, avec sa date si singulièrement au-

thentiquée, est indubitablement le plus ancien de
la littérature chrétienne tout entière. Aucun autre
n'est écrit dans une langue aussi barbare, où four-
millent les hébraïsmes, les constructions impossibles, les fautes grammaticales. Seuls les théolo-
giens de profession ou autres historiographes intéressés nient que les Evangiles et les Actes des Apôtres sont des remaniements tardifs d'écrits aujour-
d'hui perdus et dont le mince noyau historique ne
se découvre plus sous la luxuriance légendaire ;
que les trois ou quatre lettres apostoliques, encore
reconnues pour authentiques par l'école de Tubingue, ne représentent plus, après la pénétrante
analyse de Bruno-Bauer, que des écrits d'une époque postérieure, ou, dans le meilleur cas, des
compositions plus anciennes d'auteurs inconnus,
retouchées et embellies par nombre d'additions et
d'interpolations. Il est d'autant plus important pour
nous de posséder dans notre ouvrage, dont la période de rédaction se laisse établir à un mois près,
un livre qui nous présente le christianisme sous sa
forme la plus rudimentaire, sous la forme où il est
à la religion de l'Etat du IVe siècle, achevée dans
sa dogmatique et sa mythologie, à peu près ce que
la mythologie encore vacillante des Germains de
Tacite est à la mythologie de l'Edda, pleinement
élaborée sous l'influence d'éléments chrétiens et
antiques. Le germe de la religion universelle est là,
mais il renferme encore indistinctement les mille
possibilités de développement qui se réalisent dans

3.

les innombrables sectes ultérieures. Si ce plus ancien morceau du christianisme qui devient a pour nous une valeur toute particulière, c'est qu'il nous apporte dans son intégrité ce que le judaïsme — sous la puissante influence d'Alexandrie — a contribué au christianisme. Tout le reste est adjonction occidentale, gréco-romaine. Il a fallu la médiation de la religion juive monothéiste pour faire revêtir au monothéisme érudit de la philosophie vulgaire grecque la forme sous laquelle seule il pouvait avoir prise sur les masses. Une fois cette médiation trouvée, il ne pouvait devenir religion universelle que dans le monde gréco-romain, en continuant de se développer, pour s'y fondre finalement, dans le système d'idées où avait abouti ce monde.

SOCIALISME UTOPIQUE

ET

SOCIALISME SCIENTIFIQUE

AVANT-PROPOS

Les pages qui font l'objet de la présente étude, publiées d'abord en trois articles dans la *Revue socialiste*, ont été extraites et traduites du dernier ouvrage de F. Engels : *Bouleversement de la science*. Elles ont été revisées par l'auteur, qui a ajouté divers développements dans la troisième partie, pour rendre au lecteur français plus intelligible le mouvement dialectique des forces économiques de la production capitaliste.

Frédéric Engels, un des plus éminents représentants du socialisme contemporain, se signala en 1844 par ses *Aperçus sur une critique de l'économie politique* qui parurent d'abord dans les *Annales franco-allemandes* publiées à Paris par Marx et Ruge. Les *Aperçus* formulent déjà quelques principes généraux du socialisme scientifique. De Manchester, où il demeurait alors, Engels écrivit en allemand son livre sur *la situation des classes ouvrières en Angleterre, 1845* : œuvre importante à laquelle Marx a rendu pleine justice dans *Le Capital*. Pendant son premier séjour en Angleterre, comme plus tard de Bruxelles, il collabora au *Northern Star*, organe officiel du mouvement chartiste et au *New Moral World* de Robert Owen.

Pendant leur séjour à Bruxelles, Engels et Marx fondèrent le club communiste des ouvriers allemands, en relations directes avec des clubs ouvriers flamands et wallons et tous les deux créèrent avec Bornstedt le *journal allemand de Bruxelles*. Sur l'invitation du comité allemand, résidant à Londres, de la *Ligue de la justice*, ils entrèrent dans cette société établie originairement par Karl Schapper, obligé de fuir de France, à cause de sa participation à la conspiration de Barbès-Blanqui en 1839. Dès lors la Ligue fut transformée en *Ligue des communistes* internationale, qui supprima le formalisme usuel des sociétés secrètes. Néanmoins, dans les circonstances données, la ligue devait rester un secret vis-à-vis des gouvernements. En 1847, au Congrès international, tenu par la Ligue à Londres, Marx et Engels furent chargés de rédiger le *Manifeste du parti communiste*, publié peu avant la révolution de Février et traduit presque immédiatement dans toutes les langues européennes. Le manifeste communiste est un des plus précieux documents du socialisme moderne : il demeure encore aujourd'hui une des expositions les plus vigoureuses et lucides de la marche de la société bourgeoise et de la constitution du prolétariat, qui doit mettre fin à la société capitaliste ; là, ainsi que dans la *Misère de la Philosophie* de Marx, publiée un an auparavant, se trouve clairement formulée pour la première fois la théorie de la lutte des classes.

En 1847, Marx et Engels travaillèrent à la fondation de l'*Association démocratique de Bruxelles*, société publique et internationale où se rencontrèrent les délégués des radicaux bourgeois et des ouvriers socialistes. Après la Révolution de Février, Engels devint un des rédacteurs de la *Neue Rheinische Zeitung* (nouvelle gazette rhénane) fondée en 1848 par Marx à Cologne, et supprimée en juin 1849 par un coup d'Etat prussien. Après avoir pris part à l'insurrection d'Elberfeld, Engels fit la campagne de Bade et du Palatinat soulevés contre les Prussiens, (juin et juillet 1849) comme aide de camp de Willich, alors colonel d'un bataillon de francs-tireurs.

En 1850, à Londres, il collabora à la *Revue de la Nouvelle Gazette Rhénane* éditée par Marx et imprimée à Hambourg. Là, Engels publia la *Guerre des paysans allemands*, qui, 19 ans plus tard, reparut à Leipsig en brochure et passa par trois éditions.

Après la reprise du mouvement socialiste en Allemagne, Engels collabora au *Volksstaat* et au *Vorwærts* et en écrivit les plus importants articles ; plusieurs ont été réimprimés plus tard en brochure : *Le mouvement social en Russie ; Le Schnaps prussien au Parlement allemand ; La question des habitations ; L'insurrection cantonaliste en Espagne*, etc.

En 1870, après avoir quitté Manchester pour Londres, Engels entra au Conseil général de l'Internationale ; il fut chargé de la correspondance avec l'Espagne, le Portugal et l'Italie.

La série des derniers articles qu'il envoya au *Vorwœrts*, sous le titre ironique de *Bouleversement Dühringien de la science* (Herrn Dühring's Umwælzung der Wissenschaft) est une critique savante et spirituelle des théories prétendues nouvelles de M. Dühring sur les sciences en général et le socialisme en particulier. Ces articles furent réunis en volume et eurent un grand succès en Allemagne parmi les socialistes. Nous donnons dans la présente étude l'extrait le plus caractéristique de la partie théorique de ce livre ; il forme ce qu'on pourrait appeler une *Introduction au Socialisme scientifique*.

Londres, 1880.

P. L.

INTRODUCTION (1)

Cette étude est extraite d'un plus grand volume. Vers 1875, le Dr E. Dühring, *privat-docent* (professeur libre) à l'Université de Berlin, annonça soudainement, même bruyamment, sa conversion au socialisme et se présenta au public allemand avec une théorie socialiste complète comportant tout un plan de réorganisation pratique de la société : comme de juste il tomba à bras raccourcis sur ses prédécesseurs, et surtout sur Marx qu'il honora d'une inondation des flots de sa rage.

Ceci se passait à peu près au temps que les deux fractions du parti socialiste allemand — les Marxistes et les Lassalliens — fusionnaient et acquéraient par ce fait, non seulement un accroissement de force, mais, ce qui est plus important encore, le moyen de diriger toute cette force contre l'ennemi commun. Le parti socialiste était en train de devenir rapidement en Allemagne une puissance. Mais pour devenir une puissance il fal-

(1) Cette introduction, écrite en 1892, parut en tête de l'édition anglaise publiée à Londres et à New-York la même année (*Note du traducteur*).

lait que l'unité nouvellement conquise ne fût pas menacée, et le Dr Dühring commença ouvertement par grouper autour de sa personne une coterie : le noyau d'un parti séparatiste de l'avenir (1). Il était donc nécessaire de relever le gant qui nous était jeté et, bon gré, mal gré, d'engager la lutte.

L'affaire n'était pas extraordinairement difficile, mais de longue haleine. Nous autres Allemands, comme chacun le sait, nous sommes d'une terriblement pesante *Gründlichkeit* (2), profondément radicale ou radicalement profonde, comme il vous plaira de la nommer. Chaque fois que l'un de nous accouche de ce qu'il considère comme une nouvelle théorie, il doit commencer par l'élaborer en un système embrassant l'univers. Il doit démontrer que les premiers principes de la logique et que les lois fondamentales de la nature n'ont existé de toute éternité que pour conduire l'esprit humain à cette théorie nouvellement découverte, qui couronne tout ; sous ce rapport le Dr Dühring était à la hauteur du génie national. Ce n'était rien moins qu'un complet *Système de philosophie* mentale, morale, naturelle et historique, qu'un complet *Système*

(1) Bernstein appartenait à cette coterie : entrainé par les nécessités de la lutte que le parti soutenait contre Bismark, il la déserta du vivant de Marx et d'Engels. Quand en 1892, Engels écrivait ces lignes il était loin de se douter que Bernstein, qu'il choisit pour être un de ses exécuteurs testamentaires, devait tourner casaque après sa mort, retourner à ses premiers amours et essayer de former le parti séparatiste qu'il avait tué dans l'œuf. (*Note du traducteur*).

(2) Profondeur.

d'Economie politique et de Socialisme et enfin qu'une *Critique historique de l'Economie politique* — trois gros in-octavo, aussi lourds de forme que de contenu, trois corps d'armée d'arguments mobilisés contre tous les philosophes et économistes antérieurs en général et contre Marx en particulier, en réalité, une tentative de complet « bouleversement de la science » — voilà à quoi je devais m'atteler. J'avais à traiter de tout et d'autres sujets encore ; des concepts du temps et de l'espace au bimétallisme ; de l'éternité de la matière et du mouvement à la périssable nature de nos idées morales ; de la sélection naturelle de Darwin à l'éducation de la jeunesse dans une société future. Néanmoins l'universalité systématique de mon adversaire me procurait l'occasion de développer en opposition à lui et pour la première fois dans leur enchaînement les opinions que Marx et moi nous avions sur cette grande variété de sujets. Telle fut la principale raison qui m'engagea à entreprendre cette tâche, d'ailleurs ingrate.

Ma réponse, d'abord publiée en une série d'articles dans le *Vorwärts* de Leipzig, l'organe principal du parti socialiste, fut ensuite imprimée en un volume sous le titre : *Bouleversement de la science par M. Eugène Dühring*. Une deuxième édition parut à Zurich en 1886.

Sur la demande de mon ami, Paul Lafargue, je remaniai trois chapitres de ce volume pour former une brochure qu'il traduisit et publia en 1880, sous le titre de *Socialisme utopique et socialisme scientifique*. Des éditions polonaises et espagnoles furent faites d'après le texte français ; mais en 1883 nos amis d'Allemagne firent paraître la brochure dans sa langue originelle ; depuis, des traductions faites sur le texte allemand ont été publiées en italien, en russe, en danois, en hollandais et en roumain, de telle sorte que, avec cette présente traduction anglaise, ce petit volume circule en dix langues. Je ne connais aucun autre ouvrage socialiste, pas même notre *Manifeste communiste* de 1848 et le *Capital* de Marx, qui ait été si souvent traduit : en Allemagne il a passé par quatre éditions formant un total de 20.000 exemplaires.

* * *

Je sais parfaitement que ce travail ne sera pas accueilli favorablement par une partie considérable du public anglais. Mais si nous, continentaux, nous eussions prêté la moindre attention aux préjugés de la *respectabilité* britannique, nous nous trouverions dans une position pire que celle où nous sommes. Cette brochure défend ce que nous nommons « le matérialisme historique » et le mot matérialisme écorche les oreilles de l'immense majorité des lecteurs anglais. *Agnosticisme* peut être toléré, mais matérialisme est absolument inadmissible (1).

(1) H. Spencer, Huxley, les philosophes et les savants du Darwinisme pour ne pas choquer la respectabilité de leurs com-

Et cependant, le berceau du matérialisme moderne est au xvii° siècle l'Angleterre.

« Le matérialisme est le fils naturel de la Grande-Bretagne. Déjà son grand scolastique, Duns Scot, s'était demandé si la matière ne pouvait pas penser.

« Pour réaliser ce miracle, il eut recours à la toute-puissance de Dieu, il contraignit, de la sorte la théologie à prêcher le matérialisme. D'ailleurs il était nominaliste. Le nominalisme, cette première forme du matérialisme, fleurit principalement chez les scholastiques anglais.

« Le père authentique du matérialisme anglais et de la science expérimentale tout entière, est Bacon. La science naturelle est pour lui la seule vraie science ; et la physique, basée sur l'expérience des sens, est la partie fondamentale de la science naturelle. Anaxagoras et ses *homoioméries*, Démocrite et ses atomes sont ses autorités préférées. Les sens sont, dans sa doctrine, infaillibles ; ils sont la source de toute connaissance. La science est science expérimentale, elle a pour fonction de

patriotes, se nommèrent *agnostiques*, voulant dire, par ce mot grec, qu'ils étaient privés de toute connaissance sur Dieu, la matière, les causes finales, la chose en soi, etc. Des farceurs le traduisirent en anglais : *Know-nothing*, ne connais rien ! Auguste Comte avait également débarrassé son positivisme de ces questions gênantes pour ne pas déplaire à la bourgeoisie française qui reniait la philosophie du xviii° siècle et qui, comme le chien de la Bible, retournait à son vomissement catholique (*Note du traducteur*).

soumettre à une méthode rationnelle les données fournies par les sens. L'induction, l'analyse, la comparaison, l'observation et l'expérimentation sont les formes principales d'une méthode rationnelle. La première et la principale des propriétés innées de la matière est le mouvement, non pas seulement en tant que mouvement mécanique et mathématique, mais encore et surtout en tant qu'impulsion, principe vital, tension, *torture*, (*qual*) (1) pour employer l'expression de Jacob Bœhme.

« Le matérialisme, chez Bacon, son premier créateur, recèle encore, d'une manière naïve, les germes d'un développement universel. La matière sourit à l'homme dans toute sa sensuelle et poétique splendeur. La doctrine aphoristique fourmille en revanche d'inconséquences théologiques.

« Le matérialisme dans le cours de son développement devient unilatéral. Hobbes systématise le matérialisme baconien. Le sensualisme perd sa fleur et devient l'abstrait sensualisme du géomètre. Le mouvement physique est sacrifié au mouvement mécanique ou mathématique : la géométrie est pro-

---

(1) *Qual* est un jeu de mot philosophique. « Qual » signifie littéralement torture, une souffrance qui pousse à une action quelconque. Le mystique Bœhme donne aussi au mot allemand quelque chose de la signification du mot latin *qualitas* : son « qual » était le principe actif venant de l'objet, de la relation ou de la personne et déterminant à son tour son développement spontané, en opposition à une souffrance qui lui serait infligée du dehors.

clamée la première des sciences. Le matérialisme se fait misanthrope : s'il veut vaincre le misanthropique et décharné spiritualisme sur son propre terrain, il faut que le matérialisme mortifie sa propre chair et se fasse ascète. Il apparaît comme un être de raison et comme tel développe sans scrupules les conséquences de la raison.

« Hobbes, partant de Bacon, démontre que si ce sont les sens qui fournissent toutes ses connaissances à l'homme, alors les conceptions, les idées, ne sont que des fantômes du monde matériel, plus ou moins dépouillé de ses formes sensibles. La science ne peut que donner des noms à ces fantômes. On peut appliquer un seul nom à plusieurs fantômes. Il peut même y avoir des noms de noms. Mais ce serait une contradiction, d'une part d'admettre que toutes les idées tirent leur origine du monde sensible et d'autre part de prétendre qu'un mot est plus qu'un mot ; que, en dehors des êtres perçus par nos sens et toujours individuels, il existe encore des êtres généraux. Parler d'une substance incorporelle est aussi absurde que de parler d'un corps incorporel. Corps, être, substance, ne sont que des termes différents pour une seule et même réalité. On ne saurait séparer la pensée de la matière pensante. Cette matière est le substratum de tous les changements qui s'opèrent. Le mot *infini* est vide de sens, alors qu'il ne signifie pas la faculté de notre esprit d'additionner sans fin. Puisque seules les choses matérielles sont perceptibles par nos sens, on ne sait rien de l'existence de Dieu. Seule ma propre existence est certaine. Toute passion humaine est un mouvement mécanique qui commence ou finit. Les objets des impulsions sont le bien. L'homme est assujetti aux mêmes lois que la nature. Force et liberté sont identiques.

« Hobbes avait systématisé Bacon, mais il n'avait pas fourni de preuves à l'appui de son principe fondamental, que l'origine des connaissances et des idées était dans le monde sensible : c'est Locke qui fournit cette preuve dans son *Essai sur l'origine de l'entendement humain*.

« Si Hobbes avait réduit à néant les préjugés déistes du matérialisme de Bacon, Collins, Dodwall, Coward, Hartley, Priestley, etc., abattirent le dernier obstacle théologique du sensualisme de Locke. En tout cas, pour le matérialiste pratique, le théisme n'est qu'une façon commode de se débarrasser de la religion » (1).

Ainsi écrivait Marx à propos de l'origine britannique du matérialisme moderne : si les Anglais d'aujourd'hui ne sont pas particulièrement enchantés de la justice rendue à leurs ancêtres, tant pis pour eux. Il n'en reste pas moins indéniable que Bacon, Hobbes et Locke sont les pères de cette brillante pléiade de matérialistes français, qui, en dépit des victoires sur terre et sur mer remportées par les Anglais et les Allemands, firent du xviii° siècle le siècle

---

(1) Marx et Engels : *Die Heilige Familie*, Francfort, 1845, pp. 201-204.

français par excellence, même avant son couronnement par la Révolution française, dont nous, *outsiders*, nous essayons en Allemagne et en Angleterre d'acclimater les résultats.

Il n'y a pas à le nier ; l'étranger cultivé qui, vers le milieu du siècle, élisait domicile en Angleterre, était offusqué d'être obligé de s'incliner devant la stupidité et la bigoterie religieuse de la « respectable » classe moyenne anglaise. Nous étions à cette époque tous matérialistes ou tout au moins des libres penseurs très avancés et il était inconcevable pour nous que presque toutes les personnes instruites pussent ajouter foi à toutes sortes d'impossibles miracles et que même des géologues, comme Buckland et Mantell, torturassent les données de leurs sciences pour qu'elles ne vinssent pas en contradiction avec les mythes de la Genèse : tandis que pour rencontrer des hommes osant se servir de leurs facultés intellectuelles en matière religieuse, il fallait aller parmi les illettrés, les *great unwashed*, comme on les dénommait, spécialement parmi les socialistes oweniens (1).

Mais, depuis, l'Angleterre s'est civilisée. L'Exposi-

(1) *Great unwashed*, littéralement, les grands non lavés. Ledru-Rollin, Mazzini, Pyat et les républicains à l'eau de rose de 1848 avaient le même mépris pour les socialistes ; ils disaient que les *democ-socs* étaient en guerre avec le savon. La propreté est un luxe coûteux, que la classe ouvrière, tondue par la Bourgeoisie, ne peut se payer que difficilement : ces beaux esprits faisaient aux ouvriers un crime de la misère que leur imposait leurs compères de la Bourgeoisie. (*Note du traducteur*).

tion de 1851 sonna le glas de son exclusivisme insulaire : elle s'est graduellement internationalisée pour la nourriture, les manières et les idées, à un tel point que je commence à souhaiter que certaines coutumes et habitudes anglaises fassent leur chemin sur le continent, comme d'autres coutumes continentales l'ont fait ici. N'importe, la propagation de l'huile à salade, que l'aristocratie connaissait seule avant 1851, a été accompagnée d'une fatale propagation du scepticisme continental en matière religieuse et il est arrivé que l'agnosticisme, sans être encore considéré comme aussi comme il faut que l'Eglise d'Angleterre, est placé, en ce qui regarde la respectabilité, sur le même plan que le Baptisme et incontestablement au-dessus de l'Armée du Salut (1). Je ne puis m'empêcher de songer, que dans la circonstance ce sera une consolation pour ceux qui se lamentent sur les progrès de l'irreligion d'apprendre que ces « notions de date récente » ne sont pas d'origine étrangère et manufacturées en Allemagne, ainsi que beaucoup d'objets d'usage quotidien, mais qu'elles sont, sans contradiction possible, tout ce qu'il y a de plus *old England* et que les Anglais d'il y a 200 ans qui les mirent au monde allaient bien plus loin que n'osent encore le faire leurs descendants d'aujourd'hui.

(1) Le Baptisme est une secte nombreuse en Angleterre et aux Etats-Unis : son dogme distinctif est de baptiser à l'âge adulte par l'immersion complète du corps du croyant. (*Note du traducteur*).

En fait, qu'est-ce que l'agnosticisme, si non un matérialisme honteux ? La conception de la nature qu'a l'agnostique est entièrement matérialiste. Le monde naturel est gouverné par des lois, et n'admet pas l'intervention d'une action extérieure ; mais il ajoute : « nous ne possédons pas le moyen d'affirmer ou d'infirmer l'existence d'un être supérieur quelconque au delà de l'univers connu ». Ceci pouvait avoir sa raison d'être à l'époque où Laplace répondait fièrement à Napoléon, lui demandant pourquoi, dans sa *Mécanique céleste*, il n'avait pas même mentionné le nom du créateur : « Je n'avais pas besoin de cette hypothèse ». Mais aujourd'hui, avec notre conception évolutioniste de l'univers, il n'y a plus absolument de place pour un créateur ou un ordonnateur ; et parler d'un être suprême, mis à la porte de tout l'univers existant, implique une contradiction dans les termes et me semble une injure gratuite aux sentiments des gens religieux.

Notre agnostique admet aussi que nos connaissances sont basées sur les données fournies par les sens : mais il s'empresse d'ajouter : « comment savoir que nos sens nous fournissent de correctes représentations des objets perçus par leur intermédiaire ? » Et il continue, en nous informant que, quand il parle des objets et de leurs qualités, il n'entend pas en réalité ces objets et ces qualités, dont il ne peut rien savoir de certain, mais simplement les impressions par eux produites sur ses sens,

Il nous semble difficile de combattre avec des arguments cette manière de raisonner. Mais avant l'argumentation, était l'action. *Im Anfang war die That* (1). Et l'action humaine a résolu la difficulté longtemps avant que l'ingéniosité humaine l'eût inventée. Du moment que nous employons à notre usage ces objets d'après les qualités que nous percevons en eux, nous soumettons à une épreuve infaillible l'exactitude ou l'inexactitude de nos perceptions sensorielles. Si ces perceptions sont fausses, l'usage de l'objet qu'elles nous ont suggéré est faux, par conséquent notre tentative doit échouer. Mais si nous réussissons à atteindre notre but, si nous constatons que l'objet correspond à l'idée que nous en avons, c'est la preuve positive que nos perceptions de l'objet et ses qualités concordent *jusque-là* avec la réalité en dehors de nous. Quand nous échouons, nous ne sommes pas longs généralement à découvrir la cause de notre insuccès ; nous trouvons que la perception qui a servi de base à notre tentative, ou bien était par elle-même incomplète ou superficielle, ou bien avait été rattachée d'une façon que ne justifiait pas la réalité aux données d'autres perceptions — c'est ce que nous appelons un raisonnement défectueux. Aussi souvent que nous aurons pris le soin d'éduquer et d'utiliser correctement nos sens et de renfermer notre action dans les limites prescrites par

---

(1) « Au commencement était l'action », citation du *Faust* de Gœthe.

nos perceptions correctement obtenues et correctement utilisées, aussi souvent nous trouverons que le résultat de notre action démontre la conformité de nos perceptions avec la nature objective des objets perçus. Jusqu'ici, il n'y a pas un seul exemple qui permette de conclure que nos perceptions sensorielles, scientifiquement contrôlées, engendrent dans notre esprit des idées sur le monde extérieur, qui soient par leur nature même en contradiction avec la réalité ou qu'il y ait incompatibilité immanente entre le monde extérieur et les perceptions sensorielles que nous en avons.

Maintenant arrive l'agnostique néo-kantien et il dit : « nous pouvons correctement percevoir les qualités d'un objet, mais par aucun procédé sensoriel ou mental nous ne pouvons connaître la chose en soi. La *chose en soi* est au delà de notre atteinte ». Hegel, depuis longtemps, a répondu : « si vous connaissez toutes les qualités d'une chose, vous connaissez la chose en soi, il ne reste de plus que le fait que la dite chose existe en dehors de vous, et quand vos sens vous ont appris ce fait, vous avez saisi le dernier reste de la chose en soi, le célèbre inconnaissable *Ding an sich* de Kant ». Il est juste d'ajouter que, du temps de Kant, notre connaissance des objets naturels était si fragmentaire qu'il pouvait se croire en droit de supposer, au delà du peu que nous connaissions de chacun d'eux, une mystérieuse « chose en soi ». Mais ces insaisissables choses ont été les unes après les autres saisies, analysées et, ce qui est plus, *reproduites* par les progrès gigantesques de la science : ce que nous pouvons produire nous ne pouvons pas prétendre le considérer comme inconnaissable. Les substances organiques étaient ainsi, pour la chimie de la première moitié du siècle, des objets mystérieux ; aujourd'hui nous apprenons à les fabriquer les unes après les autres avec leurs éléments chimiques, sans l'aide d'aucune opération organique. Les chimistes modernes déclarent que, dès que la constitution chimique de n'importe quel corps est connue, il peut être fabriqué avec ses éléments. Nous sommes encore loin de connaître la constitution des substances organiques les plus élevées, les corps albuminoïdes ; mais il n'y a pas de raison pour désespérer que nous ne parvenions à cette connaissance, après des siècles de recherches, s'il le faut, et qu'ainsi armé nous n'arrivions à produire de l'albumine artificielle. Quand nous serons arrivés là, nous aurons fabriqué la vie organique, car la vie, de ses formes les plus simples aux plus élevées, n'est que la manière d'être normale des corps albuminoïdes.

Cependant, dès que notre agnostique a fait ces réserves mentales de pure forme, il parle et agit comme le plus fieffé matérialiste, qu'il est au fond. Il dira bien : « étant donné l'état de nos connaissances, la matière et le mouvement, ou l'énergie, comme l'on dit à présent, ne peuvent être ni créés ni détruits, mais nous n'avons pas de preuves qu'ils n'ont pas été créés à un moment quelconque ». Mais si vous essayez de retourner contre lui ce raisonnement, dans un cas particulier quelconque, il s'empresse de clore le débat. S'il admet la possibilité du spiritualisme *in abstracto*, il ne veut pas en entendre parler *in concreto*. Il vous dira : « autant que nous connaissons et pouvons connaître, il n'existe pas de créateur et d'ordonnateur de l'univers ; pour ce qui nous regarde, la matière et l'énergie ne peuvent être ni créées, ni détruites ; pour nous, la pensée est une forme de l'énergie, une fonction du cerveau ; tout ce que nous savons, c'est que le monde matériel est gouverné par des lois immuables, et ainsi de suite. « Donc, en tant qu'il est un homme de science, en tant qu'il *sait* quelque chose, il est matérialiste ; mais hors de sa science, dans les sphères où il ne sait rien, il traduit son ignorance en grec et l'appelle *agnosticisme*.

En tout cas, une chose me paraît claire ; même si j'étais un agnostique, il est évident que je ne pourrais appeler la conception de l'histoire esquissée dans ce petit livre « agnosticisme historique ». Les gens religieux se moqueraient de moi et les agnostiques s'indigneraient et me demanderaient si je veux les tourner en ridicule. J'espère donc que même la respectabilité britannique ne sera pas scandalisée, si je me sers en anglais, ainsi que je le fais en plusieurs autres langues, du mot *matérialisme historique* pour désigner une conception de l'histoire qui recherche la cause première et le grand moteur de tous les importants événements historiques dans le développement économique de la société, dans la transformation des modes de production et d'échange, dans la division de la société en classes et dans les luttes de ces classes.

On m'accordera d'autant plus facilement cette permission, si je montre que le matérialisme historique a pu être de quelque avantage même à la respectabilité britannique. J'ai déjà remarqué, qu'il y a quelque 40 ou 50 ans de cela, l'étranger cultivé, qui s'établissait en Angleterre était choqué de ce qu'il traitait de religieuse bigoterie et stupidité de la respectable classe moyenne. Je vais démontrer que la respectable classe moyenne de l'Angleterre de cette époque n'était pas aussi stupide qu'elle paraissait l'être à l'intelligent étranger. On peut expliquer ses préjugés religieux.

Quand l'Europe émergea du Moyen-âge, les bourgeoisies grandissantes des villes constituèrent chez elle l'élément révolutionnaire. Elles avaient conquis dans l'organisation féodale une position qui déjà était devenue trop étroite pour sa force d'expansion. Le développement de la classe moyenne, de la Bourgeoisie, devenait incompatible avec le maintien du système féodal : le système féodal devait donc être détruit.

Le grand centre international du féodalisme était l'Eglise catholique romaine. Elle réunissait tout l'Occident européen, malgré ses guerres intestines, en un grand système politique, opposé aux Grecs schismatiques aussi bien qu'aux pays mahométans. Elle couronnait les institutions féodales de l'auréole d'une consécration divine. Elle avait modelé sa propre hiérarchie sur celle de la féodalité et elle avait fini par devenir le seigneur féodal le plus puissant, propriétaire d'un bon tiers au moins des terres du monde catholique. Avant que le féodalisme pût être attaqué en détail dans chaque pays, il fallait que cette organisation centrale fût détruite.

Parallèlement avec la croissance de la Bourgeoisie se produisait le grand réveil de la science ; de nouveau l'astronomie, la mécanique, la physique, l'anatomie et la physiologie étaient cultivées. La Bourgeoisie avait besoin pour le développement de sa production d'une science qui se rendit compte des propriétés physiques des objets naturels et des modes d'action des forces de la nature. Jusque-là, la science avait été l'humble servante de l'Eglise, qui ne lui avait jamais permis de franchir les limites posées par la foi, et pour cette raison la science n'avait rien de scientifique. La science s'insurgea contre l'Eglise ; la Bourgeoisie, ne pouvant rien sans la science, dut par conséquent se joindre au mouvement de révolte.

Ceci, bien que n'intéressant que deux des points où la Bourgeoisie grandissante devaient totalement entrer en collision avec la religion établie, sera suffisant pour démontrer, d'abord que la classe la plus intéressée directement dans la lutte contre les prétentions de l'Eglise catholique était la Bourgeoisie et secondement que toute lutte contre le féodalisme revêtait à l'époque un déguisement religieux et devait en premier lieu être dirigé contre l'Eglise. Mais si les universités et les marchands des villes lancèrent le cri de guerre, il était certain qu'il trouverait, et il trouva en effet, un écho dans les masses populaires des campagnes, chez les paysans, qui partout devaient lutter pour leur existence contre les seigneurs féodaux, spirituels et temporels.

La longue lutte de la Bourgeoisie contre le féodalisme fut marquée par trois grandes et décisives batailles.

La première est la Réforme protestante en Allemagne. Au cri de guerre de Luther contre l'Eglise, deux insurrections politiques répondirent : l'insurrection de la petite noblesse, dirigée par Franz von Sickingen (1523), et la grande guerre des paysans (1525). Toutes les deux furent vaincues, surtout à cause de l'indécision des bourgeois des villes, qui y étaient cependant les plus intéressés ; nous ne pouvons ici rechercher les causes de cette indécision. Dès ce moment la lutte dégénéra en un combat entre les princes locaux et le pouvoir central et se termina par l'effacement, pendant deux siècles, de l'Allemagne d'entre les nations européennes jouant un rôle politique. La réforme luthérienne enfanta néanmoins une nouvelle croyance, une religion adaptée à la monarchie absolue. Les paysans allemands du nord-est n'étaient pas plutôt convertis au luthérianisme, qu'ils étaient transformés d'hommes libres en serfs.

Mais là où Luther échoua, Calvin remporta la victoire. La réforme de Calvin répondait aux besoins de la Bourgeoisie la plus avancée de l'époque. Sa doctrine de la prédestination était l'expression religieuse du fait que, dans le monde commercial de la concurrence, le succès ou l'insuccès ne dépendent ni de l'activité, ni de l'habileté de l'homme, mais de circonstances indépendantes de son contrôle. Elles ne sont sous la dépendance ni de celui qui veut, ni de celui qui travaille, mais à la merci de puissances économiques supérieures et inconnues; et ceci était particulièrement vrai à une époque de révolution économique, alors que tous les anciens centres de commerce et toutes les routes étaient remplacés par d'autres, que les Indes et l'Amérique étaient ouvertes au monde et que les articles de foi économiques les plus respectables par leur antiquité — la valeur respective de l'or et de l'argent — commençaient à chanceler et à s'écrouler. La constitution de l'Eglise de Calvin était absolument démocratique et républicaine, et là où le royaume de Dieu était républicanisé, les royaumes de ce monde ne pouvaient rester sous la domination de monarques, d'évêques et de seigneurs. Tandis que le luthérianisme allemand consentit à devenir un instrument entre les mains des princes, le calvinisme fonda une république en Hollande et d'actifs partis républicains en Angleterre et surtout en Ecosse.

Le deuxième grand soulèvement de la Bourgeoisie trouva dans le calvinisme une doctrine taillée et cousue à sa mesure. L'explosion eut lieu en Angleterre. Les classes moyennes des villes se lancèrent les premières dans le mouvement, et la *yeomanry* des campagnes le fit triompher (1). Il est curieux que dans les trois révolutions de la Bourgeoisie, la population paysanne fournit les armées devant soutenir le combat et que la paysannerie est la classe qui doit être ruinée par les conséquences économiques de la victoire. Un siècle après Cromwell la *yeomanry* avait vécu. Cependant sans cette *yeomanry* et sans l'élément plébéien des villes, jamais la Bourgeoisie livrée à ses propres forces n'aurait pu continuer la lutte jusqu'à la victoire et n'aurait pu faire monter Charles Ier sur l'échafaud. Pour que ces conquêtes de la Bourgeoisie, qui étaient mûres et prêtes à être moissonnées, pussent être assurées, il fallut que la révolution dépassât de beaucoup le but — exactement comme en France en 1793 et en Allemagne en 1848. Il semble que c'est là une des lois de l'évolution de la société bourgeoise.

Cet excès d'activité révolutionnaire fut suivie en Angleterre par l'inévitable réaction, qui à son tour dépassa le point où elle aurait pu se maintenir.

---

(1) Les *yeomen* étaient des petits propriétaires libres et cultivant eux-mêmes leurs terres ; ils étaient très nombreux à cette époque en Angleterre. (*Note du trad.*).

Après une série d'oscillations, le nouveau centre de gravité finit par être atteint et il devint un nouveau point de départ. La grande période de l'histoire anglaise, que la respectabilité nomme la « Grande Rébellion » et les luttes qui suivirent furent clôturées par un événement relativement mesquin, que cependant les historiens décorent du titre de « Glorieuse Révolution ».

Le nouveau point de départ était un compromis entre les classes moyennes grandissantes et les ci-devant propriétaires féodaux. Ces derniers, bien que nommés encore aujourd'hui l'Aristocratie, étaient en train de devenir ce que Louis-Philippe devint : « le premier bourgeois du royaume ». Heureusement pour l'Angleterre que les vieux seigneurs féodaux s'étaient entre-tués durant la Guerre des deux Roses. Leurs successeurs, quoique généralement issus de vieilles familles, étaient si hors de la voie tracée par les ancêtres qu'ils constituèrent une nouvelle classe ayant des habitudes et des tendances plutôt bourgeoises que féodales. Ils connaissaient parfaitement la valeur de l'argent et ils commencèrent immédiatement à augmenter leurs rentes foncières, en expulsant des centaines de petits fermiers et en les remplaçant par des moutons. Henry VIII, en dissipant en donations et prodigalités les terres de l'Eglise, créa une légion de nouveaux seigneurs bourgeois : les innombrables confiscations de grands domaines qu'on recédait à des demi ou à de parfaits parvenus, continuées après lui pendant le xvii⁰ siècle, aboutirent au même résultat. Par conséquent, à partir de Henry VIII, l'Aristocratie anglaise, loin de contrecarrer le développement de la production industrielle, chercha au contraire à en bénéficier indirectement et il s'est trouvé un grand nombre de propriétaires fonciers toujours disposés, pour des raisons économiques et politiques, à coopérer avec les *leaders* de la Bourgeoisie industrielle et financière. Le compromis de 1689 s'accomplit donc aisément. Le butin politique, — les richesses et les places — était abandonné aux grandes familles nobiliaires, à condition que les intérêts économiques de la Bourgeoisie industrielle et financière ne fussent pas négligées, et ces intérêts économiques étaient à l'époque suffisamment puissants pour dominer la politique générale de la nation. Il y avait bien des querelles sur les questions de détail, mais l'oligarchie aristocratique comprenait bien que sa prospérité économique était irrévocablement liée à celle de la Bourgeoisie industrielle et commerciale.

A partir de ce moment, la Bourgeoisie devint une fraction composante, humble, mais officiellement reconnue, des classes gouvernantes de l'Angleterre, ayant avec les autres fractions un intérêt commun au maintien de la sujétion de la grande masse ouvrière de la nation. Le marchand ou le manufacturier occupa la position de maître ou, comme on dit plus tard, de *supérieur naturel* vis-à-vis de ses ouvriers, commis et domestiques. Son intérêt lui commandait de leur soutirer autant de bon travail que possible ; pour cela il devait les accoutumer à la soumission convenable. Il était religieux, la religion avait été le drapeau sous lequel il avait combattu le roi et les seigneurs ; il ne fut pas long à découvrir les avantages que l'on pouvait tirer de cette même religion pour travailler l'esprit de ses *inférieurs naturels* et pour les rendre souples aux ordres des maîtres qu'il avait plu à Dieu de placer au-dessus d'eux. En fait, la Bourgeoisie anglaise avait à prendre sa part dans l'oppression des *classes inférieures*, la grande masse productive de la nation ; et un de ses instruments d'oppression fut la religion.

Un autre fait contribua à renforcer le penchant religieux de la Bourgeoisie ; ce fait était la naissance du matérialisme en Angleterre. La nouvelle doctrine choquait non seulement les pieux sentiments de la classe moyenne, mais elle s'annonçait comme une philosophie accommodée seulement pour les gens du monde, instruits et cultivés, en opposition avec la religion, assez bonne pour les classes illettrées, parmi lesquelles la Bourgeoisie était comprise. Avec Hobbes, le matérialisme apparut sur la scène, comme défenseur de l'omnipotence et des prérogatives royales ; il faisait appel à la monarchie absolue pour maintenir sous le joug ce *puer robustus sed malitiosus* qu'était le peuple. Il en fut de même avec les successeurs de Hobbes, avec Bolingbroke, Shaftesbury, etc.; la nouvelle forme déiste ou matérialiste demeura, comme par le passé, une doctrine aristocratique ésotérique et par conséquent haïssable à la Bourgeoisie et par ses hérésies religieuses et par ses conséquences politiques anti-bourgeoises. Par conséquent, en opposition à ce matérialisme et à ce déisme aristocratiques, les sectes protestantes qui avaient fourni le drapeau et les combattants qui luttèrent contre les Stuarts, continuèrent à constituer la force principale de la Bourgeoisie progressive et forment encore aujourd'hui l'épine dorsale du « Grand Parti libéral ».

Pendant ce temps le matérialisme passait d'Angleterre en France, où il rencontra une autre école matérialiste, une branche du cartésianisme avec laquelle il se fondit. Tout d'abord, il demeura en France une doctrine exclusivement aristocratique : mais son caractère révolutionnaire ne tarda pas à s'affirmer. Les matérialistes français ne limitèrent pas leurs critiques aux questions religieuses, ils s'attaquèrent à toutes les traditions scientifiques et institutions politiques qu'ils trouvèrent sur leur route ; et afin de prouver que leur doctrine avait une application universelle, ils l'appliquèrent bravement à tous les sujets de la science dans l'œuvre de géants dont ils prirent le nom, — l'Encyclopédie. Ainsi sous l'une ou l'autre de ses deux formes — matérialisme avoué, ou déisme — elle devint la croyance de toute la jeunesse instruite de France, à tel point que lorsque la Grande Révolution éclata, la doctrine philosophique, couvée en Angleterre par les royalistes, donna un drapeau théorique aux républicains et aux terroristes et fournit le texte de la Déclaration des droits de l'homme. La Grande Révolution française fut le troisième soulèvement de la Bourgeoisie ; mais elle fut le premier qui rejeta l'accoutrement religieux et livra toutes ses batailles sur le terrain politique ; elle fut aussi le premier qui poussa la lutte jusqu'à la destruction d'une des parties guerroyantes, l'Aristocratie, et jusqu'au complet triomphe de l'autre, la Bourgeoisie. L'existence en Angleterre des institutions pré-révolutionnaires et post-révolutionnaires et le compromis entre les seigneurs fonciers et les capitalistes, trouvent leur expression dans l'existence des précédents juridiques et dans la religieuse conservation des formes féodales de la loi. La Révolution française fut une complète rupture avec les traditions du passé, elle balaya les derniers vestiges du féodalisme et formula le *Code civil*, qui est une géniale adaptation de l'ancienne loi romaine aux conditions du capitalisme moderne ; il est une expression presque parfaite des relations économiques correspondant au moment économique que Marx nomme la production de marchandises ; si géniale, que ce Code de la France révolutionnaire sert de modèle pour les réformes des lois sur la propriété, dans tous les pays, sans excepter l'Angleterre. N'oublions pas que si la loi anglaise continue à exprimer les relations économiques de la société capitaliste dans cette langue barbare de la féodalité, qui correspond à la chose exprimée juste comme l'orthographe anglaise correspond à la prononciation anglaise — *vous écrivez Londres et vous prononcez Constantinople*, disait un Français, — cette même loi anglaise est aussi la seule qui ait conservé à travers les siècles et transmis à l'Amérique et aux colonies la meilleure part de cette liberté personnelle d'origine germanique, de ce *self-government* local et de cette indépendance de toute intervention, celle des cours de justice exceptée, qui sur le continent a été perdue pendant l'époque de la monarchie absolue et n'a été reconquise nulle part.

Revenons à notre Bourgeoisie anglaise. La Révolution française lui procure une splendide occasion de détruire avec le concours des monarchies continentales le commerce maritime français, d'annexer les colonies françaises et d'écraser les dernières prétentions de la France à la rivalité maritime. C'est une des raisons pour laquelle elle la combattit.

L'autre était que sa manière de procéder ne lui plaisait pas. Non seulement son « exécrable » terrorisme, mais même l'essai de pousser à l'extrême la loi bourgeoise. Que deviendrait la Bourgeoisie anglaise sans son aristocratie, qui lui enseignait les belles manières, pour vilaines qu'elles étaient, qui inventait pour elle les modes, qui fournissait des officiers à l'armée, maintenant l'ordre à l'intérieur, et à la flotte, conquérant des colonies et des nouveaux marchés à l'extérieur ? Il est vrai qu'il y avait une minorité progressive de la Bourgeoisie dont les intérêts n'étaient pas aussi bien servis par ce compromis ; cette fraction, recrutée principalement dans la classe moyenne la moins riche, sympathisa avec la Révolution, mais elle était impuissante dans le Parlement.

Ainsi, tandis que le matérialisme devenait la foi de la Révolution française, la Bourgeoisie, qui vivait dans la crainte du Seigneur, se cramponna d'autant plus à sa religion. Le règne de la terreur à Paris ne montrait-il pas à quoi on arriverait si la masse perdait ses sentiments religieux ? Plus le matérialisme se propageait de France aux autres pays, renforcé par de similaires courants doctrinaires, principalement par la philosophie allemande, plus le matérialisme et la libre pensée devenaient sur le continent les qualités requises de tout esprit cultivé, plus la classe moyenne d'Angleterre se crétinisait dans ses nombreuses sectes religieuses. Ces sectes différaient entre elles, mais toutes étaient fortement religieuses et chrétiennes.

Tandis que la Révolution assurait en France le triomphe de la Bourgeoisie, en Angleterre Watt, Arkwright, Cartwright et d'autres commençaient une révolution industrielle qui déplaça le centre de gravité de la puissance économique. La richesse de la Bourgeoisie grandit colossalement, plus rapidement que celle de l'Aristocratie. Dans la Bourgeoisie elle-même, l'aristocratie financière, les banquiers, etc., étaient relégués au second plan par les manufacturiers. Le compromis de 1689, même après les changements graduels qu'il avait subi à l'avantage de la Bourgeoisie, ne correspondait plus aux positions relatives des parties contractantes. Le caractère de ces partis s'était également modifié ; la Bourgeoisie de 1830 différait grandement de celle du siècle précédent. La puissance politique, demeurée dans les mains de l'Aristocratie, qui l'employait pour résister aux nouvelles prétentions de la Bourgeoisie industrielle, devint incompatible avec les nouveaux intérêts économiques. Une lutte nouvelle avec l'Aristocratie s'imposait, qui ne pouvait se terminer que par la victoire de la nouvelle puissance économique. D'abord le *Reform Act*, grâce à l'impulsion imprimée par la Révolution française de 1830, passa en dépit de toutes les oppositions. Il donna à la Bourgeoisie une puissante influence dans le Parlement. Puis l'abrogation des droits sur les céréales assura pour jamais la suprématie de la Bourgeoisie sur l'Aristocratie, principalement de sa fraction la plus active, les manufacturiers. C'était la plus grande victoire de la Bourgeoisie ; elle fut la dernière qu'elle remporta pour son profit exclusif. Tous ses autres triomphes, par la suite, elle dut en partager les bénéfices avec une nouvelle puissance sociale, d'abord son alliée, mais bientôt sa rivale.

La révolution industrielle avait donné naissance à une classe de puissants manufacturiers capitalistes et aussi à une classe d'ouvriers manufacturiers, bien plus nombreuse. Cette classe grandit à mesure que la révolution industrielle s'emparait d'une branche de la manufacture après l'autre, et sa puissance grandissait en proportion. Cette puissance se fit sentir dès 1824, en obligeant un Parlement récalcitrant à suspendre les lois interdisant les coalitions ouvrières. Pendant l'agitation pour le « Reform Act » les ouvriers formèrent l'aile radicale du parti réformiste ; le « Reform Act » de 1832 les ayant exclus du suffrage, ils formulèrent leurs revendications dans la Charte du Peuple et s'organisèrent, en opposition aux grands bourgeois de l'abolition des droits sur les céréales, en parti indépendant, le Parti Chartiste, le premier parti ouvrier des temps modernes.

Alors éclatèrent les révolutions continentales de février et mars 1848, dans lesquels le peuple ouvrier joua un rôle si prépondérant et formula, du moins à Paris, ses demandes, qui à coup sûr étaient inadmissibles au point de vue capitaliste. Et alors survint la réaction générale. D'abord la défaite des Chartistes, le 10 avril 1848 ; puis l'écrasement de l'insurrection des ouvriers parisiens, en juin ; puis les défaites de 1849 en Italie, en Hongrie, dans l'Allemagne du Sud, et finalement la victoire sur Paris de Louis Bonaparte, le 2 décembre 1851. Enfin pour un temps, l'épouvantail des revendications ouvrières était renversé, mais à quel prix ! Si auparavant la Bourgeoisie anglaise était convaincue qu'il fallait développer l'esprit religieux dans la classe ouvrière, combien plus elle en sentit la nécessité après toutes ces expériences ! Sans daigner faire attention aux railleries de leurs compères continentaux, les bourgeois anglais continuèrent à dépenser millions sur millions, années après années, pour l'évangélisation des classes inférieures ; non satisfait de sa propre machinerie religieuse, John Bull appela à son secours Frère Jonathan, le plus habile organisateur de la religion en commerce qui existe, et importa d'Amérique le *Revivalism*, Moody et Sankey et autres divins paillasses, et finalement accepta l'aide dangereuse de l'Armée du Salut, qui fait revivre la propagande du Christianisme primitif, qui déclare que les pauvres sont les élus, qui combat le capitalisme sur le terrain religieux et qui entretient un élément primitif d'antagonisme chrétien de classe, susceptible de devenir un jour dangereux pour les richards qui fournissent aujourd'hui de l'argent à son développement.

Il semble que c'est une loi de l'évolution historique, que la Bourgeoise ne peut en aucun pays d'Europe se servir des pouvoirs politiques — du moins pour un temps assez prolongé — d'une manière aussi exclusive que l'Aristocratie féodale le fit au moyen-âge. Même en France, où la féodalité fut complètement déracinée, la Bourgeoisie, en tant que classe, ne s'empara du gouvernement que pendant des périodes très courtes. Pendant le règne de Louis-Philippe, 1830-1848, une très petite fraction de la Bourgeoisie gouverna le royaume, la fraction la plus nombreuse fut exclue du suffrage par un *cens* très élevé. Pendant la deuxième République, 1848-1851, la Bourgeoisie toute entière gouverna, mais trois ans seulement ; son incapacité amena l'Empire. C'est seulement sous la troisième République que la Bourgeoisie, en son entier, a conservé le pouvoir pendant plus de vingt ans ; elle donne déjà des signes de rapide décadence. Un règne durable de la Bourgeoisie n'a été possible que dans des pays, comme l'Amérique, où l'aristocratie était inconnue et où dès le début la société se constitua sur la base bourgeoise. Cependant en Amérique, comme en France, les successeurs de la Bourgeoisie, les ouvriers, frappent à la porte.

La Bourgeoisie ne posséda jamais en Angleterre, le pouvoir sans partage. Même la victoire de 1832 laissait l'aristocratie foncière en possession exclusive de toutes les fonctions gouvernementales. L'humilité avec laquelle la riche classe moyenne accepta cette situation, demeurait pour moi incompréhensible, jusqu'à ce que j'entendis dans un discours public un manufacturier libéral, M. W.-A. Forster, supplier les jeunes gens de Bradford d'apprendre le français, comme un moyen de faire leur chemin dans le monde ; il citait sa propre expérience et racontait son embarras, quand, en sa qualité de ministre, il devait se mouvoir dans une société où le français était au moins aussi nécessaire que l'anglais. En effet, les bourgeois anglais étaient d'ordinaire à cette époque des parvenus sans culture et ne pouvaient faire autrement que d'abandonner à l'Aristocratie les situations supérieures de l'Etat, où il était nécessaire d'avoir d'autres qualités que l'étroitesse insulaire et la suffisance insulaire, relevées par la roublardise commerciale (1). Même aujourd'hui les débats inter-

---

(1) Et même en affaire la suffisance du chauvinisme national est un triste conseiller. Jusqu'à tout dernièrement le fabricant anglais vulgaire, considérait comme au-dessous de la dignité d'un Anglais de parler une autre langue que la sienne et il était fier que des « pauvres étrangers » s'établissent en Angleterre et le déchargeassent des tracas de la distribution de ses produits à l'étranger. Jamais il ne songea que ces étrangers, la plupart des Allemands, s'emparaient de la sorte d'une large partie du commerce étranger de l'Angleterre, importation et exportation, et que le commerce extérieur anglais direct arrivait à être limité presque exclusivement aux colonies, à la Chine, aux Etats-Unis et à l'Amérique du Sud. Il ne remarqua pas davantage que ces Allemands commerçaient avec d'autres Allemands à l'étranger, qui graduellement organisèrent un complet réseau de colonie, sur toute la surface de la terre. Mais quand l'Allemagne, il y a 40 ans, commença sérieusement à produire pour l'exportation, ce réseau la servit à merveille pour accomplir sa transformation, en un si court temps, d'un pays d'exportation de céréales en un pays d'exportation de produits industriels de première importance. Alors, il y a environ dix ans, le fabricant anglais prit peur et demanda à ses ambassadeurs et à ses consuls comment il se faisait qu'il ne pouvait plus garder ses clients. Les réponses furent unanimes : 1° Vous n'apprenez pas la langue de vos clients; vous attendez au contraire qu'ils apprennent la vôtre ; 2° Vous n'essayez pas de satisfaire les besoins et les goûts de vos acheteurs, vous attendez qu'ils acceptent les vôtres.

minables de la presse sur une éducation bourgeoise moyenne, démontrent surabondamment que la bourgeoisie anglaise ne se croit pas assez bonne pour une éducation supérieure et ambitionne quelque chose de plus modeste. Ainsi, même après l'abrogation des lois sur les céréales, on considéra, comme une chose entendue, que les hommes qui avaient remporté la victoire, les Cobden, les Bright, les Forster, etc., devaient être exclus de toute participation au gouvernement officiel du pays ; il leur fallut attendre vingt ans pour qu'un nouveau *Reform Act* leur ouvrit les portes du ministère. La Bourgeoisie anglaise est encore aujourd'hui si pénétrée du sentiment de son infériorité sociale qu'elle préserve à ses propres frais et à ceux de la nation une classe décorative de frelons pour représenter dignement la nation dans toutes les fonctions de l'Etat et elle se considère hautement honorée quand un de ses membres est trouvé assez digne pour être admis dans cette classe selecte et privilégiée, manufacturée après tout par elle-même.

La Bourgeoisie industrielle et commerciale n'était pas encore parvenue à chasser l'Aristocratie foncière du pouvoir politique, quand un autre rival, la classe ouvrière, fit son apparition. La réaction qui suivit le mouvement chartiste et les révolutions continentales, aussi bien que le développement sans précédent du commerce anglais de 1848-1866, (vulgairement attribué au seul libre-échange, mais due bien plus au colossal développement des chemins de fer, de la navigation à vapeur et des moyens de communication en général) avaient une fois encore courbé la classe ouvrière sous la dépendance du Parti Libéral, dont elle avait formé dans les temps pré-chartistes l'aile radicale. La revendication du droit de vote pour les ouvriers devint peu à peu irrésistible ; tandis que les leaders Whigs du Parti Libéral s'effaraient, Disraeli montra sa supériorité en forçant les Tories à saisir l'occasion et à introduire une extension du suffrage dans les villes et un remaniement des circonscriptions électorales. Puis vint le vote secret et en 1884 l'extension du suffrage dans les campagnes et un nouveau remaniement des circonscriptions, qui les égalisaient à peu près. Toutes ces mesures augmentaient considérablement la puissance électorale de la classe ouvrière, au point que dans 150 à 200 collèges électoraux les ouvriers forment la majorité des votants. Mais le parlementarisme est une excellente école pour enseigner le respect de la tradition ; si la Bourgeoisie regarde avec vénération et une crainte religieuse ce que lord Manners appelait plaisamment « notre vieille noblesse », la masse des ouvriers regardent avec respect et déférence les bourgeois, qu'ils sont habitués à considérer comme « leurs supérieurs. » L'ouvrier anglais était, il y a une quinzaine d'années, l'ouvrier modèle, sa respectueuse déférence pour son maître et sa timidité à réclamer ses droits, consolaient nos économistes de l'école des *Katheder-Socialisten* des incurables tendances communistes et révolutionnaires des ouvriers de leur propre nation.

Mais les bourgeois anglais, qui sont des hommes d'affaires, virent plus loin que les professeurs allemands. Ils n'avaient partagé qu'à contre cœur le pouvoir avec la classe ouvrière. Ils avaient appris durant les années chartistes de quoi était capable le peuple, ce *puer robustus sed malitiosus* ; ils avaient été obligés d'incorporer dans la Constitution de la Grande-Bretagne la meilleure partie de la Charte du Peuple. Maintenant plus que jamais le peuple doit être contenu dans l'ordre par des moyens moraux, et le premier et le meilleur moyen d'action est et reste encore la religion. C'est pourquoi des majorités de pasteurs siègent dans les *School boards*, c'est pourquoi la Bourgeoise s'impose des dépenses sans cesse grandissantes pour encourager toute sorte de *revivalism*, depuis le ritualisme jusqu'à l'Armée du Salut.

Et maintenant éclata le triomphe de la respectabilité britannique sur la libre-pensée et le relâchement religieux du bourgeois continental. Les ouvriers de France et d'Allemagne étaient devenus des révoltés. Ils étaient complètement infectés de socialisme ; et pour de bonnes raisons ils n'avaient pas de préjugés légaux sur la manière de conquérir la suprématie sociale. Le *puer robustus* devenait de jour en jour plus *malitiosus*. Il ne restait à la Bourgeoisie française et allemande, comme dernière ressource, que de jeter tout doucement par dessus bord leur libre pensée, ainsi que le jeune homme, à l'heure du mal de mer, jette à l'eau le cigare avec lequel il se pavanait en s'embarquant: l'un après l'autre les voltairiens railleurs s'emmitouflèrent dans une douillette de piété, parlèrent avec respect de l'Eglise, de ses dogmes et de ses cérémonies et s'y conformèrent quand ils y trouvaient quelque avantage. La Bourgeoisie française fit maigre le vendredi et les bourgeois allemands écoutèrent religieusement le dimanche les interminables sermons protestants. Ils se sont brouillés avec le matérialisme. *Die Religion muss dem Volk erhalten werden* — on doit conserver la religion pour le peuple — elle seule peut sauver la société de la ruine finale. Malheureusement ils ne firent cette découverte qu'après avoir travaillé de leur mieux à détruire pour toujours la religion. Et maintenant c'était au bourgeois britannique de prendre sa revanche et de s'écrier : Imbéciles, il y a deux siècles que j'aurais pu vous dire cela !

Cependant je crains que ni la religieuse stupidité du bourgeois anglais, ni la conversion *post festum* du continental ne pourront opposer une digue à la marée montante du Prolétariat. La tradition est une grande force ralentissante, elle est la *vis inertiæ* de l'histoire, mais comme elle est simplement passive, elle est sûre d'être brisée, par conséquent la religion ne sera pas une sauvegarde éternelle pour la société capitaliste. Si nos idées juridiques, philosophiques et religieuses sont les produits plus ou moins directs des relations économiques dominantes dans une société donnée, ces idées ne peuvent pas, dans le cours du temps, ne pas subir les effets d'une transformation complète de ces relations. Et à moins de croire à une révélation supra-naturelle, nous devons admettre qu'aucun dogme religieux ne peut suffire à étayer une société chancelante.

La classe ouvrière de l'Angleterre de nouveau se met en mouvement. Elle est sans doute embarrassée de traditions de différentes espèces. Traditions bourgeoises : telle que cette croyance si répandue qu'il ne peut y avoir que deux partis, les Conservateurs et les Libéraux et que la classe ouvrière doit conquérir son émancipation à l'aide du grand Parti Libéral. Traditions ouvrières, héritées des premières tentatives d'action indépendante, telle que l'exclusion pour toujours, des vieilles trades unions, de tout ouvrier qui n'a pas fait son temps réglementaire d'apprentissage, ce qui aboutit à la création de *sarrazins* par chacune de ces trades unions. Malgré tout, la classe ouvrière est en mouvement ; même le professeur Brentano a été obligé de rapporter le fait à ses confrères du « socialisme de la chaire ». Elle se meut, comme toute chose en Angleterre, d'un pas lent et mesuré, ici avec hésitation, là avec des résultats plus ou moins heureux, elle se remue ici et là avec une méfiance exagérée du mot socialisme, tandis qu'elle en absorbe la substance, et le mouvement s'étend et s'empare des couches ouvrières, l'une après l'autre. Le socialisme a déjà secoué de leur torpeur les manœuvres de l'East-End de Londres et nous tous nous savons quelle énergique impulsion ces nouvelles forces ont à leur tour imprimée. Si la marche du mouvement n'est pas aussi rapide que le désirerait l'impatience de certains d'entre nous, n'oublions pas que c'est la classe ouvrière qui préserve vivantes les plus magnifiques qualités du caractère anglais, et quand un terrain est conquis en Angleterre, il n'est d'ordinaire jamais perdu. Si pour des raisons, dites plus haut, les fils des vieux Chartistes n'étaient pas à la hauteur de la situation, les petits-fils donnent des preuves qu'ils seront dignes de leurs ancêtres.

Mais le triomphe de la classe ouvrière européenne ne dépend pas seulement de l'Angleterre : il ne pourra être obtenu que par la coopération au moins de l'Angleterre, de la France et de l'Allemagne. Dans ces deux derniers pays le mouvement ouvrier est bien en avant de celui de l'Angleterre. Il est en Allemagne à une distance du pouvoir que l'on peut calculer. Les progrès accomplis depuis 25 ans sont sans précédent. Il avance avec une vitesse toujours croissante. Si la bourgeoisie allemande s'est montrée lamentablement dépourvue de capacités politiques, de discipline, de courage, d'énergie et de persévérance, la classe ouvrière allemande a donné de nombreuses preuves de toutes ces qualités. Il y a quatre siècles l'Allemagne fut le point de départ du premier soulèvement de la Bourgeoisie européenne ; au point où sont arrivés les événements, est-il hors des limites du possible que l'Allemagne soit encore le théâtre de la première grande victoire *du Prolétariat européen* ?

Londres, 20 avril 1892.

SOCIALISME UTOPIQUE

ET

SOCIALISME SCIENTIFIQUE

L'ensemble d'idées que représente le socialisme moderne n'est que le reflet dans l'intelligence, d'un côté, de la lutte des classes qui règne dans la société entre les possédants et les dépossédés, entre les bourgeois et les salariés, et, de l'autre, de l'anarchie qui règne dans la production. Mais sa forme théorique apparaît d'abord comme une continuation plus développée et plus conséquente des principes formulés par les grands philosophes français du xviiie siècle. Comme toute nouvelle théorie, elle devait se relier à l'ordre d'idées de ses prédécesseurs immédiats, bien qu'en réalité elle prenne ses racines dans le terrain des faits économiques.

Les grands hommes qui, en France, éclairèrent les esprits pour la révolution qui approchait, furent eux-mêmes de grands révolutionnaires. Ils ne reconnurent aucune autorité extérieure. Religion, sciences naturelles, société, gouvernement, tout fut soumis à la plus impitoyable critique, tout dût comparaître devant le tribunal de la raison, justifier son existence ou cesser d'être. La raison devint la règle suprême de tout. Ce fut le temps où selon l'expression de Hegel, « la tête dirigeait le monde » (1) d'abord dans ce sens que la tête et les principes trouvés par la pensée réclamaient d'être seuls dignes de servir de base à toute action et association humaines, et plus tard dans ce sens plus étendu que toute réalité matérielle en contradiction avec ces principes devait être boulversée de fond en comble. Toutes les formes de société et de gouvernement reconnues jusqu'alors, toutes les conceptions traditionnelles, devaient

(1) L'expression du grand dialecticien est intraduisible; littéralement elle signifie « le monde se dressait sur la tête » *auf den kopf gestellt wurde*. C'est en parlant de la Révolution française que Hegel s'est servi de cette expression caractéristique. Voici ce curieux passage : « C'est sur l'idée du droit qu'on a maintenant établi une constitution, c'est sur cette idée que maintenant tout doit se baser. Depuis que le soleil brillait au firmament, et que les planètes décrivaient leurs orbites autour de lui, on n'avait jamais vu l'homme se *dresser sur sa tête*; c'est-à-dire se baser sur la pensée et construire la réalité à son image. Anaxagoras avait le premier dit que la pensée gouverne le monde, mais ce n'est que depuis la Révolution française que l'homme est arrivé à savoir que la pensée doit gouverner la réalité intellectuelle. C'était là un glorieux lever de soleil; tous les êtres pensants ont célébré cette aurore. Une émotion sublime a traversé toute cette époque, un enthousiasme de la raison a fait tressaillir le monde, comme si la réconciliation de la divinité et du monde était devenue possible. » (HEGEL, *Philosophie de l'Histoire*) *Note du traducteur.*

être reléguées au grenier comme déraisonnables. Le monde jusqu'alors s'était laissé conduire par de misérables préjugés; tout le passé ne méritait que pitié et mépris. Maintenant, pour la première fois le jour se levait; pour la première fois on entrait dans le royaume de la Raison, maintenant la superstition, l'injustice, le privilège, l'oppression allaient être chassés par l'éternelle vérité, par l'égalité basée sur la nature, par les droits inaliénables de l'homme.

Nous savons aujourd'hui que ce règne de la raison n'était, après tout, que le règne de la bourgeoisie idéalisée, que l'éternelle justice s'incarna dans la justice bourgeoise, que l'égalité aboutit à la bourgeoise égalité devant la loi ; que l'on proclama comme le premier des droits de l'homme la propriété bourgeoise, que l'Etat de la Raison, le « *Contrat social* » de Rousseau, vint au monde, et il n'en pouvait être autrement, sous l'espèce d'une république démocratique et bourgeoise. Les grands penseurs du XVIIIe siècle ne purent, pas plus que leurs devanciers, franchir les limites imposées par leur époque.

Mais à côté de l'antagonisme de la féodalité et de la bourgeoisie, existait l'antagonisme universel des exploiteurs et des exploités, des riches paresseux et des pauvres laborieux. C'est même ce dernier antagonisme qui permit aux représentants de la bourgeoisie de se poser en représentants, non pas d'une classe distincte, mais de toute l'humanité souffrante. Il y a plus. Dès sa naissance, la bourgeoisie fut bâtée de son propre antagonisme : le capitaliste ne peut exister sans le travailleur salarié : et à mesure que le bourgeois des corporations du moyen-âge se transformait en moderne bourgeois, le compagnon et le journalier non incorporés devenaient prolétaires. Si, généralement parlant, la bourgeoisie put, lors de sa lutte avec la noblesse, se proclamer le représentant des différentes classes travailleuses de son époque, cependant à côté de chaque grand mouvement bourgeois éclata le mouvement de la classe qui était la devancière plus ou moins développée du prolétariat moderne. Ainsi l'on vit se dresser, durant la réforme allemande, Thomas Münzer; durant la grande révolution anglaise, les niveleurs ; durant la grande révolution française, Babœuf. A ces lévées de boucliers révolutionnaires d'une classe incomplètement formée correspondaient des manifestations théoriques : au XVIe et XVIIe siècles les peintures utopiques de sociétés idéales, au XVIIIe siècle, des théories déjà franchement communistes (Morelly, Mably). L'égalité ne devait plus se limiter aux droits politiques, mais embrasser les conditions sociales de l'individu ; il fallait abolir non seulement les privilèges de classes, mais les antagonismes de classes. Un communisme ascétique, calqué sur Sparte, fut la première forme de la nouvelle doctrine. Puis apparurent les trois grands utopistes : Saint-Simon, qui à côté de l'ordre prolétarien reconnaissait jusqu'à un certain point les tendances bourgeoises, Charles Fourier et Robert Owen. Ce dernier, vivant dans un pays où la production capitaliste était la plus développée, et sous l'impression de la lutte de classes qu'elle engendrait, déroula systématiquement ses propositions pour l'abolition de cet antagonisme, en les rattachant directement au matérialisme français.

Tous les trois ont cela de commun qu'ils ne se donnent pas comme représentants des intérêts du Prolétariat, qui dans l'intervalle s'était développé historiquement ; ainsi que les philosophes français du xviiie siècle, ils se proposèrent non d'affranchir une classe déterminée, mais l'humanité toute entière ; comme eux, ils voulurent établir le règne de la raison et de la justice éternelles ; mais il y avait tout un monde entre leur raison et leur justice éternelles et celles des hommes du xviiie siècle. Le monde bourgeois, basé sur les principes des philosophes, leur semblait tout aussi déraisonnable et injuste que la féodalité et les autres formes sociales antérieures ; comme elles, il devait être enfoui dans la fosse commune de l'histoire. Si la pure raison et la vraie justice n'avaient pas jusqu'ici gouverné le monde, c'était parce qu'elles n'avaient pas été découvertes. L'homme de génie qui devait découvrir cette vérité avait manqué, il surgissait maintenant. L'apparition de ce génie et la proclamation de sa vérité n'était pas un événement nécessaire, inévitable du développement his-

torique, mais un pur hasard. Il aurait pu naître
500 ans plus tôt et épargner à l'humanité 500 ans
d'erreurs, de luttes et de souffrances.

... Les philosophes français du xviiie siècle, les
précurseurs de la Révolution avaient fait de la
Raison la règle suprême de toute chose. L'Etat,
la société, devaient être basés sur la Raison, tout
ce qui était contraire à l'éternelle Raison devait
être foulé aux pieds sans pitié ; mais cette éternelle Raison n'était rien autre que l'intelligence
bourgeoise idéalisée. La Révolution française donna
une réalité à cette société raisonnable et à cet Etat
raisonnable ; mais si les nouvelles institutions
étaient rationnelles comparées à celles du passé,
elles étaient bien éloignées d'être absolument rai-
sonnables. L'Etat raisonnable avait fait naufrage. Le
Contrat Social de Rousseau avait trouvé sa réalité
dans le règne de la terreur ; pour s'y soustraire, la
bourgeoisie, qui avait perdu confiance dans sa
propre capacité politique, se réfugia d'abord dans
la corruption du Directoire, puis sous le sabre du
despotisme bonapartiste. La paix éternelle promise
s'était tournée en une guerre de conquêtes sans
fin. La société établie sur la Raison n'avait pas eu
un meilleur sort. L'antagonisme des riches et des
pauvres, au lieu de se résoudre dans le bien-être
général, était devenu plus aigu, une fois détruites les corporations et les privilèges qui leur
servaient de traits d'union et les établissements
charitables de l'Eglise qui les adoucissaient. Le

développement de l'industrie sur une base capitaliste fit de la pauvreté et de la misère des masses ouvrières la condition vitale de la société. Le nombre des crimes augmenta d'année en année. Si les vices féodaux, qui autrefois se pavanaient en plein jour, furent repoussés dans l'ombre, les vices bourgeois, autrefois entretenus seulement dans le secret, fleurirent avec luxuriance. Le commerce devint de plus en plus une escroquerie légalisée. La fraternité de la devise révolutionnaire se personnifia dans les chicanes et les rivalités de la concurrence. La corruption générale supplanta l'oppression violente ; l'or supplanta le sabre comme premier levier social. Le droit de cuissage passa du baron féodal au maître de fabrique. La prostitution prit des proportions jusqu'alors inconnues. Le mariage resta comme auparavant la forme légale, le manteau officiel de la prostitution, et se compléta par un adultère abondant. En un mot, comparées aux pompeuses promesses des philosophes, les institutions politiques et sociales qui suivirent le triomphe de la Raison parurent de décevantes et d'amères caricatures. Il ne manquait plus que les hommes pour constater ce désenchantement, et ces hommes se trouvèrent au tournant du siècle. En 1802, Saint-Simon publia ses « *Lettres de Genève* » ; en 1808, Fourier sa première œuvre, bien que la base de sa théorie date de 1799 ; et le 1er janvier 1800, Robert Owen prit la direction de New-Lanark.

En ce temps, la production capitaliste et l'antagonisme de la bourgeoisie et du prolétariat étaient encore dans les langes. La grande industrie débutait en Angleterre et était inconnue en France. Il n'y a que la grande industrie qui engendre les conflits qui réclament impérieusement une révolution dans le mode de production, des conflits non-seulement entre les classes qu'elle a créées, mais encore entre les forces productives et les formes de l'échange. De plus, cette même grande industrie développe, au milieu de ses gigantesques forces productives, les moyens de résoudre ces conflits. Si, en 1800, les conflits provenant des nouvelles conditions sociales étaient à peine naissants, à plus forte raison les moyens de leurs solutions. Les masses non possédantes de Paris qui s'emparèrent un instant du pouvoir, lors de la terreur, ne firent que démontrer les impossibilités de ce pouvoir dans les conditions existantes. Le prolétariat venait à peine de se détacher de la masse non possédante pour former le noyau d'une nouvelle classe ; il n'était encore qu'une masse souffrante et opprimée, incapable de toute initiative, de toute action politique indépendante, et ayant besoin d'un secours étranger et supérieur.

Cette situation historique domina aussi les fondateurs du socialisme. D'une production peu développée, d'une lutte de classes peu développée, naquirent des théories imparfaites. La solution des problèmes sociaux, encore cachée dans l'imperfection des conditions économiques, dût être fabriquée de toutes pièces dans le cerveau. La société ne présentait qu'incongruités ; l'établissement de l'harmonie devint le problème de la Raison. Il fallait donc édifier tout un système social nouveau et complet ; il fallait l'imposer à la société par la propagande, et, quand on le pouvait, par l'exemple de colonies modèles. Ces nouveaux systèmes sociaux étaient donc condamnés à n'être que des utopies ; plus ils furent élaborés dans leurs détails, plus fantasques ils devaient devenir.

Ceci dit une fois pour toutes, ne nous arrêtons plus à ce côté qui appartient entièrement au passé. Que des épiciers littéraires épluchent solennellement ces fantasmagories qui, aujourd'hui, nous font sourire ; qu'ils fassent valoir aux dépens de ces rêves utopiques la supériorité de leur froide raison ; nous, nous mettons notre joie à rechercher les germes de pensées *géniales* que recouvre cette enveloppe fantastique et pour lesquels ces philistins n'ont pas d'yeux.

Déjà, dans ses *Lettres de Genève*, Saint-Simon établissait que tous les hommes devaient travailler... et que le règne de la Terreur avait été le règne des masses non possédantes... Envisager, en 1802, la Révolution française comme une lutte entre la noblesse, la bourgeoisie et les classes non possédantes, était une découverte de génie. En 1816, il affirma que la politique n'était que la science de la production et en prédit l'absorption par l'*Economie*. La connaissance que les conditions économiques servent de base aux institutions politiques ne se montre, ici, qu'en germe ; cependant cette proposition contient clairement la conversion du gouvernement politique des hommes en une administration des choses et en une direction du procès de production, c'est-à-dire l'abolition de l'Etat dont on a fait tant de bruit dernièrement. Avec une égale supériorité de vue sur ses contemporains, il déclara, en 1814, immédiatement après l'entrée des alliés dans Paris, et encore, en 1815, pendant la guerre des Cent-Jours, que la seule garantie de la paix et du développement prospère de l'Europe était l'alliance de la France avec l'Angleterre et de ces deux pays avec l'Allemagne. Il est certain qu'il fallait un courage peu commun pour prêcher aux Français de 1815 l'alliance avec les vainqueurs de Waterloo.

Si dans Saint-Simon nous trouvons une largeur de vues vraiment géniale, nous permettant de voir en germes presque toutes les idées, qui n'appartiennent pas strictement au domaine économique des socialistes qui ont suivi, dans Charles Fourier, nous trouvons une critique des conditions sociales existantes qui, pour être faite avec une verve toute gauloise, n'en est pas moins profonde. Fourier prend au mot la bourgeoisie, avec ses prophètes inspirés d'avant, et ses flatteurs intéressés d'après la révolution. Il dévoile sans pitié la misère matérielle et morale du monde bourgeois ; il la confronte avec les brillantes promesses des philosophes : d'une société où devait régner la Raison, d'une civilisation qui devait donner le bien-être général, d'une perfectibilité indéfinie de l'homme ; avec la phraséologie couleur de roses des idéologues contemporains ; il prouve comment partout la réalité la plus misérable correspond à la phrase la plus *grandiloquente*, et déverse son sarcasme sur le fiasco irrémédiable de la phrase. Non seulement Fourier est un critique, mais grâce à la sérénité de sa nature, il est un satiriste, et sans contredit un des plus grands satiristes qui aient jamais existé. Il peignit aussi puissamment que spirituellement les escroqueries spéculatives qui fleurirent après le déclin de la Révolution et la rapacité boutiquière de tout le commerce français de son temps. Plus mordante encore est la critique qu'il fait des relations sexuelles de la bourgeoisie et de la position sociale des femmes. Il est le premier à déclarer que, dans une société donnée, le degré d'émancipation générale se mesure par le degré d'émancipation de la femme. Mais là où Fourier est le plus grand, c'est dans sa conception de l'histoire de la société. Il la divise en quatre périodes de développement : *Sauvagerie, Barbarie, Patriarcat, Civilisation*, et par cette dernière il entend la civilisation bourgeoise ; il démontre ensuite comment l'ordre civilisé élève tout vice, pratiqué par la barbarie, d'un mode simple à un ordre d'existence composé, à double sens, équivoque et hypocrite ; il fait voir que la civilisation se meut dans un cercle vicieux, dans des contradictions qu'elle reproduit sans cesse, sans pouvoir les résoudre, de sorte qu'elle atteint toujours le contraire de ce qu'elle cherchait ou prétendait chercher ; que par exemple, dans la « *Civilisation, la pauvreté naît de la surabondance même* ». Fourier, comme on le voit, maniait la dialectique avec autant de puissance que son contemporain Hegel. Tandis que la phraséologie de ses contemporains ne tarissait pas sur la perfectibilité illimitée de l'homme, il démontra que toute phase historique a sa période ascendante et descendante, et il appliqua cette manière de voir à l'avenir de l'espèce humaine. Si, depuis Kant, la science naturelle admet la mort future de corps célestes, depuis Fourier la science historique ne peut ignorer la mort future de l'humanité.

Tandis que l'ouragan de la Révolution balayait la France, une révolution moins bruyante, mais tout aussi puissante, s'accomplissait en Angleterre. La vapeur et la machine-outil transformèrent la manufacture en grande industrie et révolutionnèrent tous les fondements de la société bourgeoise. Le paresseux mouvement de la manufacture se changea en une orageuse période de production à haute pression. Avec une rapidité, sans cesse croissante, la société se divisa en grands capitalistes et en prolétaires expropriés ; la petite bourgeoisie, jusque-là la classe la plus stable de la société, se changea en une masse nomade d'artisans et de petits boutiquiers menant une existence tourmentée et formant la partie la plus fluctuante de la population. Cependant le nouveau mode de production n'était qu'au début de sa période ascendante, il était encore le seul mode de production normal, le seul possible dans les circonstances ; et néanmoins il avait déjà produit les plus criantes incongruités sociales : agglomération d'une population vagabonde dans les épouvantables bouges des grandes villes ; dissolution de tous les liens traditionnels de la subordination patriarcale et de la famille ; surtravail, principalement des femmes et des enfants, poussé à son extrême limite ; complète démoralisation des classes ouvrières jetées soudainement dans des conditions toutes nouvelles. C'est alors qu'apparut, comme réformateur, un fabricant de 29 ans ; un homme qui alliait, à une simplicité enfantine allant jusqu'au sublime, un pouvoir de diriger les hommes comme peu l'ont possédé. Robert Owen s'était approprié la doctrine des matérialistes du dix-huitième siècle : que le caractère de l'homme était le produit, d'un côté de son organisation native et, de l'autre, des circonstances qui l'environnent pendant sa vie et principalement pendant sa période de développement. Dans la révolution industrielle, la plupart des fabricants, ses contemporains, ne virent que confusion et chaos, bons à leur permettre de pêcher en eau trouble une rapide fortune. Il y vit l'occasion d'apporter l'ordre dans le chaos en mettant en pratique son théorème favori. Il en avait déjà fait un heureux essai à Manchester, dans une fabrique de 500 ouvriers dont il était le directeur. De 1800 à 1829, il appliqua ces mêmes principes, en sa qualité de directeur associé, dans la grande filature de New-Lanark, en Ecosse, mais avec une plus grande liberté d'action et avec un succès qui lui valut une réputation européenne. Il transforma une population d'environ 2.500 ouvriers, composée d'éléments divers et pour la plupart démoralisés, en une colonie modèle où l'ivrognerie, la police, la prison, les procès, l'assistance publique et le besoin de charité privée étaient inconnus.

Et tout cela simplement parce que les ouvriers étaient placés dans des conditions plus dignes de l'homme, parce que l'éducation de la génération grandissante était soigneusement surveillée. Owen fut le premier inventeur des crèches qu'il introduisit à New-Lanark. Dès l'âge de deux ans, les enfants étaient envoyés à l'école où ils s'amusaient tellement qu'on avait peine à les ramener à la maison. Tandis que ses concurrents travaillaient 13 et 14 heures, il avait réduit le travail dans sa fabrique à 10 heures 1/2. Durant une crise cotonnière qui arrêta le travail pendant 4 mois, les ouvriers continuèrent à recevoir leur paie entière. Néanmoins la fabrique doubla et au delà son capital d'établissement, et jusqu'au dernier moment donna aux propriétaires de riches profits.

Mais tout cela ne satisfait pas Owen. L'existence qu'il avait procurée à ses ouvriers était à ses yeux loin d'être digne de l'homme. « Ces hommes étaient mes esclaves ». Les circonstances relativement favorables dans lesquelles il les avait placés étaient encore bien éloignées de pouvoir permettre un développement complet et rationnel des caractères et des intelligences et encore moins le libre exercice des facultés. — « Un petit groupe de 2.500 hommes produisait plus de richesse réelle pour la société qu'une population de 600.000 hommes n'aurait pu le faire il y a un demi-siècle de cela. Je me demandais : qu'est devenue la différence entre la richesse consommée par ces 2.500 hommes et celle qu'auraient consommée 600.000 ? » La réponse était simple. Elle a été consacrée à payer aux propriétaires de l'établissement 5 0/0 pour le capital engagé, outre un profit réalisé de sept millions et demi (300.000 livres sterling). Ce qui était vrai pour New-Lanark l'était à plus forte raison pour toutes les fabriques de l'Angleterre. « Sans cette nouvelle richesse créée avec l'aide de la machine on n'aurait pas pu soutenir les guerres contre Napoléon, pour le maintien des principes aristocratiques de la société. Et pourtant cette nouvelle puissance était la création de la classe ouvrière (1)». Elle devait donc lui appartenir. Les nouvelles forces productives qui jusqu'alors n'avaient servi qu'à enrichir la minorité et à asservir les masses devin-

(1) Ces citations sont extraites du mémoire envoyé par R. Owen au gouvernement provisoire de 1848 et adressé aux républicains rouges (*red républicans*).

rent, pour Owen, les bases de la réorganisation sociale ; elles étaient destinées à appartenir à la communauté et à n'être employées que pour le bien-être commun.

De cette manière pratique, conséquence pour ainsi dire du calcul commercial, naquit le communisme de Robert Owen. Il conserva toujours ce caractère pratique. Ainsi, en **1823**, Owen proposa de guérir les misères irlandaises au moyen de colonies communistes. Il soumit tout un état détaillé des frais d'établissement, des dépenses annuelles et des revenus probables. Son plan définitif de réforme est étudié si minutieusement et avec une telle connaissance pratique que, si on lui concède sa méthode de réforme, on ne trouve pas d'objection technique à lui faire même au point de vue spécialiste.

L'adoption du Communisme fut le moment critique de la vie de Owen. Tant qu'il se contenta du rôle de philanthrope, il récolta richesse, renommée, honneur, approbation. Il fut l'homme le plus populaire de l'Europe. Non seulement les bourgeois, mais les hommes d'Etat, les princes l'écoutaient et l'approuvaient. Mais quand il se fit l'apôtre du Communisme, tout changea. D'après lui, trois grands obstacles obstruaient toute réforme sociale : la propriété individuelle, la religion, la forme actuelle du mariage. Il savait ce qui l'attendait s'il les attaquait : bannissement de la société officielle et perte de sa position sociale. Mais rien ne l'arrêta et tout ce qu'il avait prévu arriva. Il fut mis au ban de la société officielle, la presse établit la conspiration du silence autour de lui et, pour comble, ses expériences communistes d'Amérique, dans lesquelles il sacrifia toute sa fortune, le ruinèrent. Il s'adressa directement aux ouvriers et vécut, toujours actif, pendant trente ans au milieu d'eux. A tous les progrès réels, à tous les mouvements sociaux de l'Angleterre, dans l'intérêt des classes ouvrières, se rattache le nom de Robert Owen. En 1819, après cinq ans d'efforts, il fit passer la première loi qui limitait le travail des femmes et des enfants dans les fabriques ; il présida le premier congrès où les Trades-Unions se réunirent dans une société générale de résistance ; il introduisit comme une mesure transitoire, en attendant une organisation communiste de la société, d'un côté les sociétés coopératives de production et de consommation, qui eurent au moins ce mérite de prouver la complète inutilité des négociants et des manufacturiers, et de l'autre les *bazars du travail* pour l'échange des produits du travail, à l'aide d'un papier-monnaie, ayant pour unité de valeur l'heure de travail. Ces institutions échouèrent fatalement, mais elles anticipaient la *Banque d'échange* que Proudhon établit en 1848. Seulement le papier-monnaie de Owen ne se présentait pas comme une panacée universelle de tous les maux sociaux, mais simplement comme le premier pas vers une révolution bien plus radicale de toute la société.

Pendant ce temps grandissait, à la suite de la philosophie du dix-huitième siècle, la philosophie allemande moderne qui, dans Hegel, trouva son couronnement. Son grand mérite est d'avoir remis en honneur la dialectique, comme la forme la plus élevée de la pensée. Les anciens philosophes grecs étaient tous nés dialecticiens, et Aristote, la tête la plus encyclopédique d'entre eux, avait déjà analysé les formes essentielles de la pensée dialectique.— La philosophie du dix-septième et du dix-huitième siècles, bien qu'en elle la dialectique trouvât de brillants représentants (Descartes, Spinoza, etc.), était, grâce surtout à l'influence anglaise, de plus en plus entraînée vers la méthode dite métaphysique, qui régna presque exclusivement parmi les Français du dix-huitième siècle, du moins dans leur œuvre spécialement philosophique. Néanmoins, en dehors de la philosophie proprement dite, ils furent, eux aussi, capables de produire des chefs-d'œuvre de dialectique ; nous ne mentionnerons que *le Neveu de Rameau*, de Diderot, et le *Discours sur l'origine et les fondements de l'inégalité parmi les hommes*, de Rousseau. Nous allons donner brièvement les caractères essentiels des deux méthodes.

Quand nous soumettons à l'observation intellectuelle la nature, l'histoire humaine, ou notre propre activité mentale, ce qui d'abord s'offre à nous, c'est l'image d'un enchaînement interminable de faits reliés les uns aux autres, agissant les uns sur les autres, où rien ne reste où il était, ni ce qu'il était, ni comme il était ; mais où tout se meut, se transforme, va et vient, devient et périt. Cette manière d'envisager le monde, primitive, naïve, mais, au fond juste, est celle de l'ancienne philosophie grecque. Héraclite, le premier, l'a formulée clairement : *Tout existe et tout n'existe pas*, car tout est fluent, tout est dans une éternelle transformation, dans un éternel devenir et périr. Mais cette manière de voir, bien qu'elle exprime assez justement le caractère général du tableau qu'offre à notre observation l'ensemble des phénomènes du monde réel, laisse échapper les détails, en ne descendant pas dans leur étude spéciale. Cependant, tant que nous ne serons pas en mesure de nous rendre compte de ces détails, nous n'aurons pas une idée nette du tableau général qui se déroule sous nos yeux. Pour connaître ces détails, nous serons obligés de les détacher de leur enchaînement naturel ou historique, de les analyser individuellement les uns après les autres, dans leurs qualités, dans leurs causes et effets particuliers. Ceci est le problème des sciences naturelles et historiques. Ces sciences spéciales, pour de très bonnes raisons, ne pouvaient occuper le premier rang chez les Grecs des temps classiques, puisqu'ils devaient auparavant recueillir les matériaux pour ces sciences.

Les commencements des sciences naturelles exactes ne furent élaborés que par les Grecs de la période alexandrine, et plus tard par les Arabes du moyen âge. Une vraie science naturelle ne date que de la deuxième moitié du quinzième siècle et a progressé depuis avec une rapidité croissante. La décomposition de la nature en ses parties composantes, la séparation des différents procès et objets naturels en des catégories distinctes, l'étude intime des corps organiques dans la variété de leurs formes anatomiques, étaient les conditions essentielles des progrès gigantesques qui, dans les quatre derniers siècles, nous ont porté si avant dans la connaissance de la nature. Mais cette méthode de travail nous a légué l'habitude d'étudier les objets et les procès naturels dans leur isolement, en dehors des relations réciproques qui les relient en un grand tout; d'envisager les objets, non dans leur mouvement, mais dans leur repos, non comme essentiellement variables, mais comme essentiellement constants, non dans leur vie, mais dans leur mort. Et quand il arriva que, grâce à Bacon et à Locke, cette habitude de travail passa des sciences naturelles dans la philosophie, elle produisit l'étroitesse spécifique des siècles derniers — la méthode métaphysique.

Pour le métaphysicien, les choses et leurs reflets intellectuels, les notions, sont des objets d'analyse isolés, devant être considérés les uns après les autres, les uns sans les autres; des objets invariables, fixes, immobiles, donnés une fois pour toutes. Il pense par antithèses dépouillées de tous termes moyens ; il parle par oui et par non ; tout ce qui est au delà est sans valeur. Pour lui, une chose existe ou n'existe pas ; une chose ne peut être elle-même et une autre chose en même temps. Le négatif et le positif s'excluent absolument. La cause et l'effet sont en direct opposition l'un à l'autre.

Cette manière de voir nous apparaît, au premier coup d'œil, extrêment plausible ; car elle est celle du soi-disant *sens commun*. Ce sens commun, compagnon si respectable tant qu'il reste calfeutré dans son trou, creusé pour son usage, rencontre des aventures bien drôles dès qu'il se risque dans le large monde de la science. Et la méthode métaphysique, toute justifiée et nécessaire qu'elle soit dans nombre de domaines plus ou moins étendus selon l'objet de l'analyse, tôt ou tard arrive à une limite au-delà de laquelle elle devient partiale, bornée, abstraite et se perd dans des contradictions insolubles. Dans la contemplation des faits isolés, elle oublie leurs relations réciproques ; dans celle de leur existence, leur devenir et leur périr ; dans celle de leur repos, leur mouvement : les arbres lui empêchent de voir la forêt.

Nous pouvons dire, avec assez d'exactitude pour les besoins de tous les jours, si un animal existe ou non. Mais une recherche plus approfondie nous fait voir que maintes fois ce problème est des plus embrouillés, comme le savent très bien les juristes qui se sont évertués à trouver une limite rationnelle au delà de laquelle la destruction de l'enfant dans le sein de la mère serait un assassinat. De même, il est impossible de fixer le moment de la mort ; la recherche physiologique a démontré que la mort n'est pas un phénomène instantané, mais un procès d'une très longue durée. — De même tout être organique est dans le même instant lui-même et un autre ; dans le même instant, il assimile des matières étrangères et désassimile sa propre matière ; dans le même instant des cellules de son corps meurent et d'autres se créent. Dans un temps plus ou moins long, la matière de son corps est renouvelée entièrement et remplacée par d'autres atomes de matière, de sorte que tout être organique est toujours lui-même et non lui-même. En regardant la chose de plus près, nous voyons que les deux pôles d'une antinomie, le positif et le négatif, sont aussi inséparables qu'opposés l'un à l'autre, s'entre-pénétrant mutuellement en dépit de toute leur opposition. De même la cause et l'effet sont des idées qui n'ont de valeur que dans leur application aux cas isolés ; mais aussitôt que le cas isolé est envisagé dans ses relations générales avec le reste de l'univers, ils se confondent et s'évanouissent dans l'enchaînement d'une réciprocité universelle, où cause et effet changent constamment de place, où ce qui était cause à un endroit et à un moment devient effet dans un autre endroit et dans un autre moment et *vice versa*.

Tous ces procès naturels et méthodes intellectuelles, ne rentrent pas dans le cadre de la pensée métaphysique. La dialectique, au contraire, prend les objets et leurs représentations intellectuelles, les idées, dans leur mouvement, dans leur devenir et leur périr; ces procès mentionnés plus haut, sont autant de corroborations de sa manière de procéder. La nature est la preuve de la dialectique, et nous devons dire à l'honneur des sciences naturelles qu'elles ont fourni cette preuve par une riche moisson de faits qui s'accroît tous les jours, et qui démontre qu'en dernière instance c'est la dialectique et non la métaphysique qui règne dans la nature. Mais comme les naturalistes qui ont appris à penser dialectiquement sont rares, le conflit qui naît entre les découvertes scientifiques et la méthode intellectuelle courante, explique l'inextricable confusion des théories de la science naturelle ; conflit qui désespère aussi bien les maîtres que les écoliers, les écrivains que les lecteurs.

Une exacte représentation de l'Univers, de son développement et de celui de l'humanité, ainsi que de la reproduction de ce développement dans la tête des hommes, ne peut être faite que par la dialectique, que par la constante observation des infinies actions et réactions, des devenir et des mourir, des progrès et des dégénérescences. C'est dans cette voie que, dès son début, entra hardiment la philosophie allemande moderne. Kant commença sa carrière en prouvant que l'immobile système solaire de Newton et son existence éternelle, le choc initial une fois donné, se résolvait en un procès historique : dans la formation du soleil et des planètes hors d'une masse nebuleuse en rotation. En même temps il tira la conclusion que le fait de la naissance du système solaire renfermait la nécessité de sa mort future. Cette vue fut, un demi-siècle plus tard, démontrée mathématiquement par Laplace et un demi-siècle plus tard encore l'analyse spectroscopique prouva l'existence, dans l'espace, de semblables masses gazeuses incandescentes à différents degrés de condensation.

La nouvelle philosophie allemande se résuma dans le système hegelien, où pour la première fois, et c'est là son grand mérite, le monde tout entier, naturel, historique et intellectuel, fut représenté comme un procès ; c'est-à-dire comme étant dans un changement, transformation et développement constants et où l'on essaya de saisir la liaison intime qui fait un tout de ce mouvement et de ce développement. De ce point de vue, l'histoire humaine n'apparaissait plus comme une confusion chaotique de violences insensées, toutes également condamnables devant le tribunal de la raison philosophique, mais comme le procès de développement de l'humanité ; le problème de la pensée était d'en suivre la lente marche progressive à travers tous ses égarements et de rechercher la loi intime de ces phénomènes, dus en apparence au hasard.

Que Hégel n'ait pas résolu ce problème nous

importe peu. Son mérite, qui fait époque, est de l'avoir posé. Ce problème est de ceux qu'aucun individu à lui seul ne pourra résoudre. Quoique Hegel fut, avec Saint-Simon, la tête la plus encyclopédique de son temps, il était cependant borné, d'abord par l'étendue nécessairement circonscrite de ses propres connaissances ; ensuite par l'étendue également restreinte des connaissances et des vues de son époque. De plus, Hegel était idéaliste ; ce qui veut dire que, au lieu de considérer ses idées comme les reflets intellectuels des objets et des mouvements du monde réel, il s'obstinait à ne regarder les objets du monde réel et les changements qu'ils subissaient que comme autant de reflets de ses idées. Pour lui, l'idée d'une chose préexistait on ne sait où, ni comment, à la chose elle-même ; le monde, en fin de compte, avait été créé à l'image d'une idée éternelle : il n'était que la réalisation de cette idée absolue qui, par conséquent, était supposée avoir une existence à part et indépendante du monde réel. Cette manière de voir bouleversa de fond en comble les véritables relations entre le monde réel et les idées produites par le cerveau humain qui, après tout, n'est lui-même qu'un produit de ce monde réel. Si le génie de Hegel se montre partout dans son système, si à chaque page nous trouvons des vues grandioses et justes sur bien des questions posées par la science naturelle et par l'histoire de l'humanité, le système dans son ensemble ne pouvait que reproduire l'erreur qui lui servait de base. Il fut un colossal avortement, mais il est le dernier du genre. De plus, il renfermait dans son sein une contradiction incurable. D'un côté, Hegel prétend avec raison que l'histoire de l'humanité est un développement infini par le fait même de sa nature ; développement qui, par conséquent, ne peut trouver son terme final dans la découverte d'une vérité prétendue absolue. De l'autre côté, il prétend que son système est le résumé de cette même vérité absolue. Un système de connaissances de la nature et de l'histoire embrassant tout et arrêté une fois pour toutes, est en contradiction avec les lois fondamentales de la pensée dialectique, ce qui loin d'exclure, affirme au contraire que la connaissance systématique de l'univers marche à pas de géants de génération en génération.

L'erreur fondamentale de cet idéalisme allemand une fois mise à nu, il fallait forcément retourner au matérialisme : mais, bien entendu, il ne s'agissait pas d'un simple retour au matérialisme métaphysique et exclusivement mécanique du XVIIIe siècle. Ce dernier, dans sa fougue révolutionnaire, avait ingénument envisagé toute l'histoire passée comme un amas de crimes, de bêtises et de folies. Le matérialisme moderne, au contraire, voit dans l'histoire le développement graduel et souvent interrompu de l'humanité et sa tâche est d'en découvrir les lois de mouvement. Les Français du XVIIIe siècle, aussi bien que Hegel, regardaient la nature comme un tout invariable, se mouvant dans des cercles de révolution étroits ; composé de corps célestes éternels, ainsi que l'enseigne Newton ; avec des espèces invariables d'êtres organiques, ainsi que l'enseigne Linné. Le matérialisme moderne résume en un tout les progrès récents des sciences naturelles, d'après lesquels la nature, elle aussi, a son histoire dans le temps ; les corps célestes et les espèces organiques, qui peuvent y vivre dans des circonstances favorables, naissent et périssent ; les cercles de révolution prennent des dimensions bien plus vastes. Dans l'un et l'autre cas, il est essentiellement dialectique, il n'a que faire d'une philosophie prétendant régenter toutes les autres sciences. Dès que chaque science spéciale est obligée de se rendre un compte exact de la place qu'elle occupe dans l'ensemble des faits naturels et historiques et de nos connaissances sur ces faits, toute science particulière qui aurait pour domaine exclusif cet ensemble devient inutile. A la place de la philosophie qui embrassait toutes les sciences, il ne reste plus qu'une science : la science de la pensée et de ses lois ; la logique et la dialectique. Toutes les autres se résolvent dans la science positive de la nature et de l'histoire.

Tandis que la révolution dans la conception de la nature ne s'accomplissait que proportionnellement à la quantité de matériaux positifs fournis par la science, des faits historiques s'étaient produits qui avaient nécessité un changement décisif dans la conception de l'histoire. En 1831, le premier soulèvement ouvrier éclata à Lyon ; de 1838 à 1842 le premier mouvement national ouvrier (chartisme anglais), atteignit son point culminant. La guerre de classes entre prolétaires et bourgeois fit irruption sur l'avant-scène de l'histoire des peuples qui décident du sort de l'humanité. Elle s'intensifia proportionnellement avec le développement de la grande industrie et de la suprématie politique nouvellement conquise par la Bourgeoisie. Les doctrines de l'économie bourgeoise, l'identité des intérêts du capital et du travail, l'harmonie universelle, la prospérité générale engendrée par la libre concurrence, furent brutalement démenties par les faits. On ne pouvait ignorer, ni ces faits, ni le socialisme français et anglais qui malgré ses imperfections en était l'expression théorique. Mais la vieille conception idéaliste de l'histoire qui survivait encore, ne connaissait ni guerre de classes basées sur des intérêts matériels, ni aucun intérêt matériel ; la production et toutes les relations économiques ne recevaient qu'un regard dédaigneux et furtif ; elles n'étaient que des éléments secondaires de l'histoire de la civilisation. Les faits nouveaux imposaient un nouvel examen de toute l'histoire passée ; alors on vit que l'histoire n'avait été que l'histoire de la lutte des classes; que ces classes guerroyantes étaient partout et toujours les produits du mode de production et d'échange, en un mot des relations économiques de leur époque ; que par conséquent la structure économique d'une société donnée forme toujours la base réelle que nous devons étudier pour comprendre toute la superstructure des institutions politiques et juridiques, aussi bien que des manières de voir religieuses, philosophiques et autres qui lui sont propres. Ainsi l'idéalisme était chassé de son dernier refuge, de la science historique ; la base d'une science historique matérialiste était posée. La route était ouverte qui allait nous conduire à l'explication de la manière de penser des hommes d'une époque donnée par leur manière de vivre, au lieu de vouloir expliquer, comme on l'avait fait jusqu'alors, leur manière de vivre par leur manière de penser.

Mais si le matérialisme du xviii° siècle était devenu incompatible avec la science naturelle moderne et dialectique, le socialisme, tel qu'il s'était développé jusque-là, devenait incompatible avec la nouvelle science historique matérialiste. Le socialisme critiquait, il est vrai, la production capitaliste et ses conséquences ; mais il ne l'expliquait pas, et ne pouvait pas par conséquent la renverser théoriquement ; il ne pouvait que la rejeter comme mauvaise.

Mais le problème était, d'abord, de déterminer la place historique de la production capitaliste dans le développement de l'humanité, de prouver sa nécessité pour une période historique donnée et, par cela même, la nécessité aussi de sa chute future ; et puis, de mettre à nu son caractère intime encore caché, la critique jusque-là s'étant occupée plutôt à peindre les incongruités qu'elle avait produites qu'à rechercher les causes qui déterminaient ces incongruités. Ceci fut fait par la découverte de la *plus-value*. Il fut prouvé que l'appropriation du travail non payé était la forme fondamentale de la production capitaliste et de l'exploitation des ouvriers qui en est inséparable ; que le capitaliste, alors même qu'il paie la *force-travail* de l'ouvrier à la valeur réelle que comme marchandise elle a sur le marché, extrait néanmoins d'elle plus de valeur qu'il n'en a donné pour l'acquérir ; et que cette plus-value constitue en fin de compte la somme des valeurs d'où provient la masse du capital sans cesse croissante, accumulée dans les mains des classes possédantes. La manière de procéder de la production capitaliste, ainsi que la production du capital, étaient expliquées.

Ces deux grandes découvertes : la conception matérialiste de l'histoire, et la révélation du mystère de la production capitaliste, au moyen de la plus-value, nous les devons à Karl Marx. Elles firent du socialisme une science, qu'il s'agit maintenant d'élaborer dans tous ses détails et relations.

..... La production d'abord, et ensuite l'échange des produits, forment la base de tout ordre social. Ces deux facteurs déterminent dans toute société donnée la distribution des richesses, par conséquent la formation et la hiérarchie des classes qui la composent. Si donc nous voulons trouver les causes déterminantes de telle ou telle métamorphose ou révolution sociale, il faudra les chercher, non dans la tête des hommes, dans leur connaissance supérieure de la vérité et de la justice éternelles, mais dans des métamorphoses du mode de production et d'échange, en un mot, il faudra les chercher, non dans la philosophie, mais dans l'économie de l'époque étudiée. Combien souvent voyons-nous dans l'histoire une conviction irrésistible s'emparer des intelligences que les institutions sociales existantes sont irrationnelles et injustes ; que ce qui autrefois avait été l'œuvre de la raison, était devenu du non-sens ; que ce qui avait été un bienfait, était un fardeau. Que signifie ce phénomène ? — Que lentement, silencieusement les méthodes de la production et les formes de l'échange ont subi des métamorphoses, avec lesquelles ne cadre plus l'ordre social adapté à des conditions économiques surannées. Si ce point de vue est juste, il s'ensuit que les nouvelles conditions économiques doivent aussi contenir en elles-mêmes, dans un état plus ou moins développé, les moyens d'écarter les incongruités constatées. Il faut donc employer la tête non pour inventer ces moyens, mais pour les découvrir dans les faits matériels de la production donnée.

Quelle est donc la position du socialisme

moderne, en présence de l'ordre social actuel ?

L'ordre social actuel est la création de la classe actuellement dominante, la bourgeoisie. Le mode de production propre à la bourgeoisie, désigné depuis Marx du nom de production capitaliste, était incompatible avec l'ordre féodal, avec les privilèges de localités et d'états, avec les entraves des corporations et du servage. La bourgeoisie brisa l'ordre féodal, pour établir, sur ses ruines, l'ordre bourgeois, le règne de la concurrence libre, du libre choix de domicile, du contrat libre, de l'égalité devant la loi et autres aménités bourgeoises. Dès lors, libre carrière était ouverte à la production capitaliste. Au temps de la grande révolution française, la forme prédominante de cette production capitaliste, sur le continent européen du moins, était la manufacture basée sur la division du travail. Mais dès que la vapeur et la machine-outil eurent transformé cette manufacture en grande industrie, les forces productives élaborées sous la direction de la bourgeoisie, se développèrent avec une rapidité et sur une échelle inouies. La manufacture, parvenue à un certain degré de développement, dut forcément entrer en conflit avec les entraves féodales des corporations : de même la grande industrie doit, dans son complet développement, entrer en conflit avec le mode capitaliste de production. Les nouvelles forces productives ont déjà débordé les formes bourgeoises de leur exploitation. Ce conflit entre forces productives et forme de production n'est pas un conflit engendré dans la tête des hommes comme celui du péché originel et de la justice divine ; il est là, dans les faits, objectif, indépendant de la volonté et de la conduite des hommes mêmes qui l'ont amené. Le socialisme n'est que le reflet, dans la pensée, de ce conflit dans les faits ; ce reflet idéal, on le comprend aisément, se produit d'abord dans les têtes de la classe qui en souffre directement, de la classe ouvrière.

En quoi consiste ce conflit ?

Avant la production capitaliste, il n'existait que la petite production qui avait pour condition première que le producteur fût le propriétaire de ses moyens de production : l'agriculture du petit paysan, libre ou serf, le métier des villes. Les moyens de travail — la terre et les instruments aratoires, l'échoppe et les outils — appartenaient à l'individu et n'étaient adaptés qu'à l'usage individuel; ils étaient par conséquent petits, mesquins, limités ; et c'est précisément pour cette raison qu'ils appartenaient généralement au producteur. Concentrer et élargir ces moyens de production étroits et éparpillés, les transformer en puissants leviers de la production moderne, était précisément le rôle historique de la production capitaliste et de son metteur en scène, la bourgeoisie. Comment elle a accompli cette œuvre en parcourant les trois phases historiques de la coopération simple, de la manufacture et de la grande industrie, a été exposé dans tous ses détails dans la quatrième section du *Capital* de Marx. On y trouve aussi comment la bourgeoisie, en arrachant ces moyens de production à leur isolement, en les concentrant, en soumettant à une direction commune une masse de forces productives individuelles, d'ouvriers et d'outils, en changea la nature même. D'individuels, ils devinrent sociaux. Si auparavant les forces d'un individu ou tout au plus d'une famille avaient suffi pour faire travailler les anciens moyens de production isolés, il fallait maintenant tout un bataillon d'ouvriers pour mettre en branle ces moyens de production concentrés. La vapeur et la machine-outil achevèrent et completèrent cette métamorphose. Le rouet, le métier à tisser, le marteau du forgeron firent place à la machine à filer, au métier mécanique, au marteau à vapeur; l'atelier individuel à la fabrique qui réclame la coopération de centaines et de milliers d'ouvriers. La production se transforma, d'une série d'actes individuels, en une série d'actes sociaux; les produits individuels, en produits sociaux. La collectivité avait remplacé l'individu dans la production.

Mais cette révolution ne saisit que la production : elle ne fit que toucher les anciennes formes de l'échange. Elle s'accomplissait dans un milieu social basé sur la division du travail dans la société. La division du travail dans la société confère aux producteurs la propriété de leurs produits, et par là donne à ces produits la forme de marchandise, dont l'échange (achat et vente) constitue le lien social entre les producteurs. Cela était bel et bien pour le temps où il n'y avait que producteurs individuels indépendants ; la forme de l'échange correspondait au mode de production. C'est dans cette société de producteurs individuels de marchandises que se glissa la nouvelle forme de production. Son caractère révolutionnaire fut si peu reconnu qu'on l'introduisait au contraire comme un moyen d'accroître et de développer la production de marchandises. Dès son début, elle se rattacha aux moyens déjà existants de la production et de l'échange des marchandises : capital marchand, métiers du moyen âge, travail salarié. En se présentant comme une nouvelle forme de la production des marchandises, elle se soumit aux formes d'appropriation de la production de marchandises. Les moyens de production et les produits, d'individuels devenus sociaux, furent traités comme s'ils continuaient à être des moyens de production et des produits individuels. Ils furent appropriés, non par ceux qui avaient mis en mouvement les moyens de production et qui avaient créé les produits, mais par le capitaliste. Les moyens de production et la production sont devenus essentiellement sociaux. On les soumet néanmoins à un mode d'appropriation qui présuppose la production privée de l'individu, où chacun possède ses moyens de production, ou par conséquent, chacun possède aussi son produit et l'apporte sur le marché. Le mode de production est soumis à ce mode d'appropriation quoiqu'il en détruise la présupposition. Dans cet antagonisme, qui confère au nouveau mode de production son caractère capitaliste, gisent en germe tous les antagonismes sociaux modernes. A mesure que le nouveau mode de production envahit toutes les industries et tous les pays économiquement importants, à mesure qu'il déplaça la production individuelle au point de la réduire à un rôle insignifiant, il accentua d'autant l'incompatibilité entre production sociale et appropriation capitaliste.

Les premiers capitalistes trouvèrent, comme nous l'avons dit, la forme du travail salarié toute faite. Mais ce travail salarié n'était que l'occupation exceptionnelle, complémentaire, accessoire, transitoire du travailleur. Le laboureur qui, de temps en temps, se louait à la journée, possédait son lopin de terre, qui au pis aller pouvait suffire à ses besoins. Les corporations étaient organisées pour que le compagnon d'aujourd'hui devînt le maître du lendemain. Mais dès que les moyens de production devinrent sociaux et furent concentrés dans les mains des capitalistes, tout ceci changea. Le travail salarié, autrefois l'exception et le complément, fut la règle et la base de toute la production ; autrefois occupation accessoire, il accapara tout le temps de travail du producteur. Le salarié d'un jour devint le salarié sa vie durant. La séparation s'était accomplie entre les moyens de production, concentrés dans les mains des capitalistes, et les producteurs, réduits à ne posséder que leur force-travail. L'antagonisme entre production sociale et appropriation capitaliste s'affirme comme antagonisme entre prolétaires et bourgeois.

Nous avons vu que la production capitaliste se glissa au milieu d'une société de producteurs de marchandises, de producteurs individuels dont le seul lien social était l'échange de leurs produits. Mais toute société basée sur la production de marchandises a pour caractéristique que les producteurs, au lieu de contrôler leurs relations sociales mutuelles, sont dominées par elles. Chacun produit avec les moyens de production accidentels qu'il peut avoir sous la main pour ses besoins individuels d'échange. Il y a anarchie dans la production sociale. Mais la production de marchandises, comme toute autre forme de production, possède ses lois propres inhérentes, et ces lois s'affirment en dépit de l'anarchie, dans l'anarchie, et par l'anarchie. Elles affectent la forme seule persistante du lien social, l'échange ; elles se dressent vis-à-vis des producteurs comme des lois compulsoires de la concurrence. Les producteurs qui, au début, les ignorent, ont besoin d'une longue expérience pour arriver à leur découverte successive. Elles s'imposent donc sans le concours des producteurs et même contre leur volonté ; comme celle des lois de la nature, leur action est aveugle et impitoyable. Le produit domine le producteur. Exprimons ceci d'une autre manière, plus accessible peut-être.

Dans la société du moyen-âge, la production desservait surtout les besoins personnels du producteur et de sa famille ; là où il y avait des relations d'assujettissement comme à la campagne, elle desservait aussi ceux du seigneur. Mais en ceci il n'y avait pas d'échange ; les produits ne revêtirent donc pas la forme de marchandises. La famille du paysan produisait presque tout ce dont elle avait besoin, les vêtements aussi bien que la nourriture. Elle ne produisit des marchandises que lorsqu'elle arriva à produire un excédant sur sa propre consommation. Cet excédant offert à l'échange devint marchandise. Les artisans, il est vrai, devaient dès l'abord produire dans leur métier afin d'échanger, mais eux aussi pourvurent en grande partie directement à leur propre consommation ; ils étaient tous possesseurs de petits terrains (champs et jardins) ; ils envoyaient leur bétail paître dans la forêt communale, d'où ils tiraient leurs bois de chauffage et de construction ; les femmes filaient, etc. Nous voyons donc que la production en vue de l'échange, la production de marchandises était encore dans son enfance. Par conséquent l'échange était limité, le marché étroit, le mode de production stable ; chaque groupe s'organisait dans son sein pour la production en excluant les produits des autres groupes.

la *Mark* (1) existait dans la campagne et les corporations dans les villes.

Peu à peu la production se développa. L'excédant de la consommation immédiate soit du producteur et de sa famille, soit du seigneur féodal prenait des dimensions plus importantes ; l'industrie des villes produisait mieux et plus, il y avait donc matières à marchandises ; lancé dans l'échange, cet excédant de production se transforma, en effet, en marchandises. Le commerce se développait et commençait à relier les divers pays les uns avec les autres. Les progrès du commerce réagirent sur l'industrie et en accélérèrent le développement ; la glace de l'ancienne stabilité était définitivement rompue. Les progrès de la division du travail brisèrent l'ancienne organisation, dans laquelle chaque famille produisait directement pour sa propre consommation. A la campagne comme à la ville, dans l'agriculture comme dans l'industrie, il fallait de plus en plus produire pour l'échange ; les redevances en nature (corvée, blé, bétail) se changèrent en impôts ou en rentes foncières qui durent être payés en argent. Presque tous les produits prirent la forme de marchandises, et les producteurs, une fois l'ancienne orga-

---

(1) Mark est le nom de l'ancienne commune germanique basée sur la communauté de la terre : beaucoup de traces de cette communauté se sont conservées jusqu'à nos jours, non seulement dans les pays germaniques, mais encore dans les pays occidentaux conquis par les Germains.

nisation de la *Mark* et des corporations brisée, se transformèrent de plus en plus en producteurs de marchandises, isolés et indépendants. C'est alors qu'éclata et s'intensifia l'anarchie de la production sociale.

Mais le principal instrument qu'employa la production capitaliste pour intensifier cette anarchie dans la production sociale, était précisément le contraire de l'anarchie ; c'était la croissante organisation de la production, devenue sociale, dans l'atelier demeuré propriété individuelle. C'est cette organisation qui mit fin à l'ancienne et paisible stabilité. Dans toute industrie où elle fut introduite, elle ne souffrit plus à ses côtés aucune des anciennes méthodes d'exploitation ; partout où elle s'empara du métier du moyen-âge, elle le détruisit et le transforma. Le champ de travail devint un champ de bataille. Les grandes découvertes géographiques et les colonies qui en furent les conséquences, multiplièrent les débouchés et transformèrent le métier féodal en manufacture capitaliste. Non seulement la lutte éclata entre les producteurs d'une même localité, mais les luttes locales grandirent en luttes nationales : les guerres commerciales des XVIIe et XVIIIe siècles. En dernier lieu, la grande industrie et l'établissement du marché international ou mondial ont universalisé ces luttes et leur ont imprimé une violence inouïe. La possession de conditions favorables de production, naturelles ou artificielles, décide de l'existence de capitalistes isolés aussi bien que d'industries et de nations entières. Les vaincus sont refoulés sans pitié. C'est la concurrence vitale darwinienne transplantée de la nature dans la société avec une violence puissanciée. La sauvagerie animale se présente comme dernier terme de développement humain. L'antagonisme entre production sociale et appropriation capitaliste a pris la forme d'antagonisme entre organisation de la production dans chaque fabrique particulière, et anarchie de la production dans la société tout entière.

C'est dans ces deux formes antagonistes qui lui sont immanentes, dès son origine, que se meut la production capitaliste, qu'elle décrit ce « cercle vicieux » découvert par Fourier. Mais, de son temps, Fourier ne pouvait voir que ce cercle se contracte insensiblement ; que le mouvement décrit plutôt une spirale qu'un cercle, et tend à une fin, comme la spirale que décrivent les planètes, par la collision avec son centre de révolution. D'abord, c'est la force accélératrice de l'anarchie sociale de la production qui, de plus en plus transforme le plus grand nombre des hommes en prolétaires ; et c'est cette même masse prolétarienne qui, finalement, mettra un terme à l'anarchie de la production. D'un autre côté, c'est la force accélératrice de l'anarchie sociale dans la production qui transforme la perfectibilité indéfinie du machinisme en une loi obligatoire pour tout capitaliste industriel de perfectionner, de plus en plus, ses machines, sous peine de ruine. Mais perfectionnement du machinisme veut dire déplacement de travail humain. Si l'introduction et la multiplication des machines signifiaient le remplacement de millions d'ouvriers manuels par quelques milliers d'ouvriers, servants de machines; perfectionnement du machinisme signifie déplacement constant de ces servants de machines et, en dernier lieu, la création d'un nombre d'ouvriers en disponibilité, excédant les besoins moyens du capital, de toute une armée industrielle de réserve, en disponibilité pour le temps ou l'industrie travaille à haute pression, rejettée sur le pavé quand la crise fatale arrive ; en tout temps un boulet aux pieds de la classe ouvrière dans sa lutte pour l'existence contre le capital, un régulateur pour retenir le salaire au bas niveau qui seul satisfait le capitaliste. Il arrive, pour parler la langue de Marx, que la machine devient l'arme la plus puissante du capital dans sa lutte contre la classe ouvrière ; que le moyen de travail arrache à l'ouvrier ses moyens d'existence; que le propre produit du travailleur devient l'instrument de son asservissement. Il arrive que « l'économie des frais de production se caractérise par la dilapidation la plus effrénée de la force du travail et la lésinerie la plus éhontée des conditions de son perfectionnement » ; que la machine, ce plus puissant moyen d'abréger le travail, devient le plus sûr moyen de transformer la vie entière du travailleur et celle de sa famille en temps de travail disponible pour la mise en valeur du capital ; il arrive que le sur-travail des uns engendre le chômage des autres, et que la grande industrie, qui parcourt le globe en quête de nouveaux consommateurs, limite chez elle les masses au minimum de la famine et détruit de ses propres mains son marché intérieur. « La loi qui toujours équilibre le progrès et l'accumulation du capital et de la surpopulation relative, rive plus solidement le travail au capital que les coins de Vulcain ne rivaient Prométhée à son rocher. C'est cette loi qui établit une corrélation fatale entre l'accumulation du capital et l'accumulation de la misère, de telle sorte qu'accumulation de richesse à un pôle, c'est égale accumulation de pauvreté, de souffrance, d'ignorance, d'abrutissement, de dégradation morale, d'esclavage au pôle opposé, du côté de la classe qui produit son propre produit sous forme de capital. » (*K. Marx. Capital*, p. 285). Et demander à la production capitaliste une autre distribution des produits, ce serait demander aux électrodes d'une batterie de ne plus décomposer l'eau, envoyant l'oxygène au pôle positif et l'hydrogène au pôle négatif, tant que le circuit reste fermé.

Nous avons vu comment la perfectibilité du machinisme moderne, poussée au plus haut degré, se transforme sous le coup de l'anarchie sociale de la production en une loi implacable qui force le capitaliste industriel à toujours perfectionner ses machines et à toujours accroître leur force productive. La simple possibilité de développer l'échelle de sa production, se transforme pour lui maintenant en une autre loi tout aussi obligatoire. L'énorme force d'expansion de la grande industrie, en comparaison de laquelle celle des gaz n'est qu'un jeu d'enfant, se présente maintenant sous la forme d'un besoin qualitatif et quantitatif d'expansion, qui défie toute compression. La compression ici, c'est la consommation, le débouché, le marché des produits de la grande industrie. Mais la capacité d'expansion du marché, extensive et intensive, est contrôlée par des lois différentes et d'un effet bien moins énergique. L'extension du marché ne peut aller de pair avec l'extension de la production. La collision est inévitable, et comme elle ne peut amener de solution à moins de briser la forme capitaliste de la production, cette collision devient périodique. C'est là un nouveau cercle vicieux dans lequel se meut la production capitaliste. Dès 1825, où éclata la première crise générale, le monde industriel et commercial, la production et l'échange des peuples civilisés et de leurs annexes plus ou moins barbares, se détraquent à peu près tous les dix ans. Le commerce s'arrête, les marchés s'encombrent, les produits sont là, aussi abondants qu'invendables ; la monnaie se cache, le crédit s'évanouit, les fabriques se ferment, les masses ouvrières manquent de moyens d'existence, la banqueroute suit la banqueroute et la vente forcée, la vente forcée. Pendant des années l'encombrement dure, les produits se gaspillent et se détruisent par grandes masses, jusqu'à ce que les amas de marchandises s'écoulent peu à peu, grâce à une dépréciation plus ou moins considérable, jusqu'à ce que la production et l'échange reprennent graduellement leur marche. Peu à peu, l'allure s'accélère, se met au trot, le trot industriel passe au galop, jusqu'au ventre à terre d'un steeple-chase général de l'industrie, du commerce, du crédit et de la spéculation qui, après les sauts les plus périlleux, vient finir de nouveau dans le fossé de la crise. Et c'est toujours à recommencer. Nous en avons traversé six depuis 1825, et en ce moment nous traversons la septième. Et le caractère de ces crises est si clairement marqué que Fourier les a toutes décrites en appelant la première : *crise pléthorique*. Dans la crise, l'antagonisme, entre production sociale et appropriation capitaliste, éclate violemment. La circulation est arrêtée ; le moyen de circulation, la monnaie, devient une entrave à la circulation. Toutes les lois de la production et de la circulation sont bouleversées. La collision économique est parvenue à son apogée. Le mode de production se rebelle contre le mode d'échange.

Le fait que l'organisation sociale de la production dans l'intérieur de l'usine s'est développée au point de devenir incompatible avec l'anarchie de la production dans la société qui existe en dehors d'elle et qui la domine, — ce fait s'impose à l'intelligence du capitaliste lui-même par la concentration violente des capitaux qui s'accomplit, dans chaque crise, par la ruine de beaucoup de grands capitalistes et d'un nombre bien plus considérable de petits. Le mécanisme tout entier de la production capitaliste fléchit sous la pression des forces productives, ses propres créations. Il a créé une telle masse de forces productives qu'il n'y a plus moyen de les transformer en capital, c'est-à-dire en moyens d'exploiter les forces-travail de la classe ouvrière.

A cause de cela les forces productives chôment ; et parce qu'elles chôment, l'armée industrielle de réserve, elle aussi, est forcée de chômer. Situation inouie ! Moyens de production, moyens de subsistance, travailleurs disponibles, tous les éléments de la production et de la richesse abondent, mais, comme dit Fourier, l'abondance devient la source de la pénurie et de la misère, parce que c'est elle qui empêche les moyens de production et de subsistance de se transformer en capital. Dans le milieu capitaliste, pour fonctionner, les moyens de production doivent préalablement prendre la qualité de capital, de moyens d'exploitation des forces-travail. C'est une fatalité qui se dresse maintenant comme un spectre entre les ouvriers et les moyens de production et d'existence. C'est elle seule qui empêche le contact et par conséquent la coopération des leviers personnels de la production avec ses leviers matériels ; qui défend aux moyens de production de fonctionner, et aux ouvriers de travailler et de vivre. Brisez la forme de production capitaliste, permettez aux moyens de production de fonctionner sans prendre la forme de capital, et l'absurdité qui existe dans les faits s'évanouit, la crise disparaît et vous rendez à la société la possibilité de vivre.

Il est donc constaté, d'abord, que la production capitaliste est devenue incapable de diriger dorénavant les forces productives qu'elles a créées ; et puis, que ces formes productives elles-mêmes poussent de plus en plus impérieusement vers la solution de l'antagonisme, vers l'abolition de leur qualité de capital et vers la reconnaissance pratique de leur caractère réel, celui de forces productives sociales. C'est une réaction des formes productives sans cesse croissante contre leur qualité de capital ; c'est cette reconnaissance impérieuse exigée de leur caractère social qui, de plus en plus, force la classe capitaliste autant que la nature du capital le permet, de les traiter en forces productives sociales. La période de production à haute pression, par son crédit gonflé à l'extrême, autant que la crise par l'écroulement de grands établissements capitalistes, imposent la forme de socialisation de grandes masses de moyens de production que revêtent les différentes espèces de sociétés par actions. Beaucoup de ces moyens de production et de communication sont, dès leur début, si gigantesques que, comme les chemins de fer, ils excluent toute autre forme d'exploitation capitaliste. Mais à un autre degré de développement, cette forme, elle aussi, devient insuffisante. Le représentant officiel de la société capitaliste, l'Etat, doit prendre la direction de ces forces de production. Cette nécessité de transformation en propriété de l'Etat se fait d'abord sentir pour les grands organismes de communication : les postes, les télégraphes, les chemins de fer, etc.

Si les crises prouvent l'incapacité de la bourgeoisie à diriger dorénavant les forces productives modernes, la transformation des grands organismes de production et de communication en sociétés par actions et en propriété de l'Etat, montre qu'elle est devenue superflue. Toutes les fonctions sociales des capitalistes sont remplies maintenant par des employés salariés. Le rôle social des capitalistes se borne à empocher des revenus, à détacher des coupons et à jouer à la bourse, où ils se dépouillent mutuellement de leurs capitaux. La production capitaliste qui commença par lancer l'ouvrier dans la surpopulation relative, finit par y précipiter à son tour le capitaliste, en attendant qu'elle lui assigne sa place dans l'armée industrielle de réserve.

Mais que les forces productives soient entre les mains de sociétés par actions ou de l'Etat, elles conservent néanmoins leur qualité de capital. Le fait est patent pour les sociétés par actions. Et l'Etat moderne n'est que l'organisation que se donne la société bourgeoise pour mettre toutes les conditions de la production capitaliste à l'abri des attaques, tant des capitalistes individuels que des ouvriers. L'Etat moderne, quel que soit sa forme, est essentiellement une machine capitaliste, l'Etat des capitalistes, pour ainsi dire le capitaliste collectif idéal. Plus il accapare de forces productives, plus il se change en capital collectif réel, plus il exploite de citoyens. Les ouvriers restent toujours des salariés, des prolétaires. La relation capitaliste entre salariant et salarié n'est pas détruite, mais poussée à bout, et, poussée à bout, elle fait la culbute. L'appropriation par l'Etat des forces productives n'est pas la solution du conflit, mais elle en contient les éléments.

Cette solution ne peut être autre que la reconnaissance pratique de la nature sociale des forces productives modernes, c'est-à-dire la mise à l'unisson des modes de production, d'appropriation et d'échange, avec le caractère social des moyens de production. Et ce but ne sera atteint que lorsque la société, ouvertement et franchement, prendra possession des forces productives devenues trop puissantes pour supporter tout autre contrôle que le sien.

Le caractère social des moyens de production et des produits qui aujourd'hui retourne sa pointe contre les producteurs eux-mêmes, qui bouleverse périodiquement la production et l'échange, sera alors pleinement et ouvertement reconnu. Les forces sociales agissent comme les forces de la nature, aveuglément, violemment, destructivement tant que nous ne les comprenons pas, tant que nous ne comptons pas avec elles. Une fois comprises, une fois leur action, leurs directions, leurs effets reconnus par nous, nous pourrons les soumettre de plus en plus à notre volonté, nous en servir pour atteindre nos buts. Tel est le caractère social des forces productives modernes.

Tant que nous nous obstinons à ne pas la reconnaître — comme c'est le cas dans la production capitaliste — cette force agit malgré nous, contre nous, s'impose à nous, ainsi que nous l'avons vu plus haut. Une fois comprise et reconnue, cette force destructive deviendra entre les mains des producteurs associés, s'en servant en pleine conscience, un des plus puissants leviers de la production. La différence sera celle de l'électricité destructive de la foudre et de l'électricité des télégraphes au service de l'homme ; celle de l'incendie et du feu asservi par l'homme. Reconnaissance pratique du caractère social des forces productives modernes, cela veut dire remplacement de l'anarchie, dans la production sociale, par une organisation économique réglée selon les besoins de la société et de chacun de ses membres ; cela veut dire remplacement de l'appropriation capitaliste, engendrant le régime dans lequel le produit asservit d'abord le producteur, puis l'appropriateur, par une appropriation basée sur la nature même des forces productives modernes : Appropriation directe des produits, d'un côté, par la société, comme moyens d'entretenir et de développer la production, et de l'autre, par des individus, comme moyens d'existence et de jouissance.

A mesure que la production capitaliste transforme de plus en plus la grande masse de la population en prolétaires, elle crée l'armée qui doit ou périr misérablement ou accomplir cette révolution. A mesure qu'elle oblige à convertir les grands moyens de production socialisés en propriété de l'Etat, elle indique la voie pour l'accomplissement de cette révolution. Le Prolétariat, après s'être emparé de la puissance publique, transforme les moyens de production en propriété de l'Etat. Mais par cela même il détruit son caractère de Prolétariat, il détruit toute distinction et tout antagonisme de classe, et par conséquent, il détruit l'Etat comme Etat. Les sociétés qui s'étaient mues jusqu'ici dans l'antagonisme de classes avaient besoin de l'Etat, c'est-à-dire d'une organisation de la classe exploitante, pour assurer leurs conditions d'exploitation et surtout pour maintenir, par la force, la classe exploitée dans les conditions de soumission (esclavage, servage, salariat), que réclamait le mode de production existant. L'Etat était la représentation officielle de toute la société, son incarnation dans un corps visible, mais il ne l'était que tant qu'il était l'Etat de la classe qui, pour son temps, représentait la société toute entière ; mais du moment qu'il devient réellement le représentant de la société toute entière, il devient inutile. Dès qu'il n'existe plus de classe à maintenir dans l'oppression, dès que la domination de classe, la lutte pour l'existence basée sur l'anarchie de la production, les collisions et les excès qui en découlent sont balayés, il n'y a plus rien à réprimer, un Etat devient inutile. Le premier acte par lequel l'Etat se constituera réellement le représentant de toute la société, — la prise de possession des moyens de production au nom de la société — sera en même temps son dernier acte comme Etat. Le gouvernement des personnes fait place à l'administration des choses et à la direction des procédés de production. La société libre ne peut tolérer l'existence d'un Etat entre elle et ses membres.

L'appropriation, par la société, de tous les moyens de production a été, dès l'apparition historique de la production capitaliste, un idéal plus ou moins nuageux flottant devant les yeux d'individus ainsi que de sectes entières ; mais elle ne devenait possible, elle ne pouvait se présenter comme nécessité historique que lorsque les conditions matérielles de sa mise en pratique existeraient. L'abolition des classes, comme tout autre progrès social, devient praticable, non par la simple conviction, dans les masses, que l'existence de ces classes est contraire à l'égalité, ou à la justice, ou à la fraternité, non par la simple volonté de les détruire, mais par l'avènement de nouvelles conditions économiques. La division de la société en classes, exploitante et exploitée, dominante et opprimée, a été la conséquence fatale de la productivité peu développée de la société. Là où le travail social ne fournit qu'une somme de produits excédant à peine ce qui est strictement nécessaire pour maintenir l'existence de tous, là où le travail, par conséquent, absorbe tout ou presque tout le temps de la grande majorité des individus dont se compose la société, cette société se divise nécessairement en classes. A côté de cette grande majorité vouée exclusivement au travail, il se forme une minorité exempte du travail directement productif, et chargée des affaires communes de la société : direction générale du travail, gouvernement, justice, sciences, arts, etc. C'est donc la loi de la division du travail, qui gît au fond de cette division de la société en classes ; ce qui n'empêche nullement que cette division ne s'accomplisse au moyen de la force et de la rapine, de la ruse et de la fraude ; ce qui n'empêche pas non plus que la classe dominante, une fois établie, n'ait jamais manqué de consolider son pouvoir au détriment de la classe travailleuse, de changer la direction sociale en exploitation des masses.

Mais si l'institution des classes a un certain droit historique, elle ne l'a que pour une époque déterminée, pour un ensemble de conditions sociales données. Elle se basait sur l'insuffisance de la production ; elle sera balayée par son développement plénier. En effet, nous ne pouvons songer à l'abolition finale des classes que lorsque nous aurons atteint un niveau social où, non-seulement l'existence de telle classe dominante, mais celle de toute classe dominante et la distinction de classes elles-mêmes, seront devenues un anachronisme. C'est-à-dire qu'il présuppose un degré de développement de la production tel que l'appropriation des moyens de production et des produits par une classe, par conséquent, la domination politique, le monopole de l'éducation, la direction intellectuelle d'une classe sociale distincte, seront devenue non-seulement superflus, mais un obstacle au développement économique, politique et intellectuel. Ce point est aujourd'hui atteint. La banqueroute politique et intellectuelle de la bourgeoisie n'est presque plus un secret pour elle-même ; sa banqueroute économique se répète régulièrement tous les dix ans. Dans chaque crise décennale la société étouffe sous la pression des forces productives gigantesques et des produits qu'elle a créés elle-même et qu'elle ne sait plus dominer ; impuissante, elle se trouve face à face avec cette absurdité : les producteurs n'ayant rien à consommer, parce qu'il y a manque de consommateurs.

La force expansive des moyens de production fait éclater les fers que la production capitaliste leur avait mis. Leur délivrance est la seule condition qui manquait encore pour assurer un développement continu, toujours accéléré, des forces productives, c'est-à-dire un accroissement illimité de la production elle-même. Mais ce n'est pas tout. L'appropriation sociale des moyens de production écarte non-seulement les entraves artificielles qui enchaînent actuellement la production, mais elle met aussi fin au gaspillage et à la destruction des forces productives et des produits, corollaires inévitables de la production actuelle et qui atteignent leur apogée au moment de la crise. De plus, elle met à la disposition sociale une masse de moyens de production et de produits, en rendant impossibles les extravagances insensées des classes régnantes et de leurs représentants politiques. La possibilité, au moyen de la production sociale, d'assurer à tous les membres de la société non-seulement une existence matérielle pleinement suffisante, qui s'embellira de plus en plus, mais de leur garantir en même temps le libre développement et exercice de toutes leurs facultés physiques et intellectuelles, cette possibilité existe maintenant pour la première fois, mais elle existe (1).

(1) Quelques chiffres donneront une idée approximative de l'énorme force d'expansion des moyens de production modernes même sous la pression capitaliste. D'après les derniers calculs de Giffen. chef du bureau statistique anglais. la progression de la richesse totale de la Grande-Bretagne et de l'Irlande est en chiffres ronds :

1814 —   55.000 millions de francs.
1865 — 152.500   —   —
1875 — 212.500   —   —

Dès que la société aura pris possession des moyens de production, elle ne produira plus de marchandises ; c'est-à-dire qu'elle mettra fin à la forme de l'appropriation des produits en vertu de laquelle, comme nous l'avons vu, le produit domine le producteur. L'anarchie dans la production sociale fera place à une organisation consciente et systématique. La lutte pour l'existence individuelle disparaît. Ce n'est que dès ce moment qu'on pourra dire, dans un certain sens, que l'homme s'est définitivement séparé du règne animal ; il aura, enfin, échangé des conditions d'existence animales pour des conditions réellement humaines. L'ensemble des conditions d'existence qui jusqu'ici ont dominé les hommes, seront alors soumises à leur contrôle. En devenant maîtres de leur propre organisation sociale, ils deviendront par cela même, pour la première fois, maîtres réels et conscients de la nature. Les lois qui régissent leur propre action sociale se sont jusqu'ici dressées vis-à-vis des hommes comme des lois impitoyables de la nature, exerçant sur eux une domination étrangère ; désormais, les hommes appliqueront ces lois en pleine connaissance de cause et, par ce fait, ils les maîtriseront. La forme dans laquelle les hommes s'or-

Quant à la destruction de moyens de production et de produits, pendant les crises, la perte totale de l'industrie de fer dans la crise de 1873-78 s'élevait, pour l'Allemagne seule, à 668 millions de francs (chiffre fourni au deuxième congrès industriel allemand tenu à Berlin le 21 janvier 1879).

ganisent en société, forme jusqu'ici pour ainsi dire octroyée par la nature et l'histoire, sera alors l'acte de leur libre initiative. Les forces objectives qui, jusqu'ici ont dirigé l'histoire, dès ce moment passent sous le contrôle des hommes. Ce n'est qu'à partir de ce moment que les hommes feront leur histoire future en êtres pleinement conscients de ce qu'ils vont faire, que les causes sociales qu'ils mettront en mouvement produiront dans une mesure toujours croissante les effets voulus. L'humanité sortira enfin du règne de la fatalité pour entrer dans celui de la liberté.

Résumons, en peu de mots, la marche de notre développement :

I. — *Société du moyen âge :* Petite production morcelée. Moyens de production adaptés à l'usage individuel ; par cela primitifs, mesquins, d'effet très limité ; mais par cela aussi possédés généralement par le producteur lui-même. Production pour la consommation immédiate, soit du producteur, soit de son seigneur féodal. Seulement là où il y a excédant de produits sur la consommation, cet excédant est offert à la vente, entre dans l'échange; production de marchandises à l'état naissant, mais possédant déjà, dans son sein, le germe de l'*anarchie sociale dans la production.*

II. — *Révolution capitaliste :* Transformation de l'industrie d'abord par la coopération simple et par la manufacture. Concentration des moyens de production, jusque-là épars, dans de grands ateliers, c'est-à-dire leur transformation d'*individuels en sociaux* — transformation qui ne touche guère l'échange; par conséquent maintien des anciennes formes d'appropriation. Le *capitaliste* apparaît: propriétaire des moyens de production, c'est lui qui s'approprie les produits et en fait des marchandises. La production est devenue un acte *social*, l'échange et avec lui l'appropriation restent actes *individuels* : le produit social est approprié par le capitaliste individuel. Antagonisme fondamental, source de tous les antagonismes dans lesquels se meut notre société.

(*A*) Séparation du producteur d'avec les moyens de production. Condamnation du travailleur au salariat à vie. Antagonisme du *prolétariat* et de la *bourgeoisie*.

(*B*) Développement, surtout au moyen de la grande industrie (depuis la fin du xviiie siècle), de l'action des lois réglant la production de marchandises. Lutte effrénée par la concurrence. Antagonisme de *l'organisation* sociale de la production dans chaque fabrique, et de *l'anarchie* sociale dans la production générale.

(*C*) D'un côté, perfectionnement du machinisme, devenu obligatoire pour tout industriel par la concurrence, et équivalent au déplacement toujours croissant d'ouvriers : armée industrielle de réserve. — De l'autre côté, extension illimitée de la production, également obligatoire pour tout industriel ; des deux côtés, développement inouï des forces productives, excès de l'offre sur la demande, surproduction, encombrement des marchés, crises décennales, cercle vicieux : surabondondance, ici, de moyens de production et de produits ; surabondance, là, d'ouvriers sans travail et sans moyens d'existence : mais ces deux leviers de la production et du bien-être social ne peuvent se réunir, parce que la forme capitaliste de la production défend aux forces productives d'opérer, aux produits de circuler, à moins de s'être changés d'abord en *capital* ; ce que la surabondance même empêche. L'antagonisme est poussé jusqu'à l'absurdité. *Le mode de production se rebelle contre la forme de l'échange.* La bourgeoisie est démontrée incapable de diriger dorénavant les forces productives sociales.

(*D*) Reconnaissance partielle du caractère social des forces productives imposées aux capitalistes eux-mêmes ; appropriation des grands organismes de production et de communication par des sociétés par actions, puis par l'Etat. La bourgeoisie démontrée classe inutile, toutes ses fonctions actives étant remplies par des salariés.

III. — *Révolution prolétarienne*, solution des antagonismes.

Le prolétariat saisit le pouvoir politique et transforme, au moyen de ce pouvoir, en propriété publique, les moyens de production sociaux, qui échappent aux mains de la bourgeoisie. Par cet acte, il les dépouille de leur caractère de capital ;

il donne pleine liberté à leur caractère social de s'affirmer, il rend possible l'organisation de la production sociale suivant un plan prédéterminé. Le développement de la production rend l'existence des classes sociales un anachronisme. L'autorité politique de l'Etat disparaît avec l'anarchie sociale de la production. Les hommes, maîtres enfin de leur propre mode d'association, deviennent maîtres de la nature, maîtres d'eux-mêmes, — libres.

Accomplir cet acte qui affranchira le monde, voilà la mission historique du Prolétariat moderne. Approfondir les conditions historiques et avec elles le caractère spécifique et les conséquences inévitables de cet acte, donner à la classe appelée à l'action, mais aujourd'hui opprimée, la pleine conscience des conditions et de la nature de sa propre action imminente, voilà la mission du socialisme scientifique, expression théorique du mouvement prolétarien.

LUDWIG FEUERBACH

ET

LA FIN DE LA PHILOSOPHIE CLASSIQUE ALLEMANDE

PRÉFACE

Dans sa préface à « *La Critique de l'Economie politique* », Berlin, 1859, Karl Marx raconte comment nous deux, à Bruxelles, en 1845, nous résolûmes de dégager par un travail en commun ce que notre manière de voir — la conception matérialiste de l'histoire, élaborée surtout par Marx — avait d'opposé à la manière de voir idéologique de la philosophie allemande, de nous mettre en règle avec nos consciences philosophiques d'autrefois. Notre projet fut exécuté sous la forme d'une critique de la philosophie post-hégelienne. Le manuscrit, deux forts volumes in-octavo, était depuis longtemps entre les mains de l'éditeur, en Westphalie, lorsqu'on nous avisa qu'un changement de circonstances en empêchait la publication. Nous abandonnâmes le manuscrit d'autant plus volontiers à la critique rongeuse des souris que notre principal but était atteint — notre propre éclaircissement.

Depuis lors, il s'est écoulé quarante années, et Marx est mort sans que nous eussions eu l'occasion de reprendre le sujet. Si nous nous sommes prononcés par ci, par là, relativement à notre position vis-à-vis de Hegel, nous ne l'avons jamais fait d'une manière suivie et compréhensive. Sur Feuerbach, qui cependant, à beaucoup d'égards, est un moyen terme entre la philosophie hégelienne et notre conception, nous ne sommes plus revenus.

Dans l'intervalle, la conception de l'univers de Marx a trouvé des adhérents bien au-delà des frontières de l'Allemagne et de l'Europe et dans toutes les langues cultivées du monde. D'autre part, nous assistons à une sorte de renaissance de la philosophie classique allemande à l'étranger, spécialement en Angleterre et en Scandinavie; et même en Allemagne il semble qu'on commence à être rassasié des soupes maigres éclectiques que l'on y distribue sous le nom de philosophie.

Dans ces conditions, il me semblait qu'une exposition succincte de nos rapports avec la philosophie hégélienne, notre point de départ, comme notre séparation d'elle, s'imposait toujours d'avantage. Et je considérai aussi la reconnaissance pleine et entière de l'influence que Fenerbach — plus que tous les autres philosophes post-hégeliens — avait exercée sur nous durant notre période d'assaut et de lutte fougueux, comme une dette d'honneur non acquittée. C'est pourquoi quand la rédaction de la *Neue Zeit* me pria de lui fournir une critique du livre de Starcke sur Feuerbach, je saisis l'occasion avec empressement. Mon ouvrage fut publié dans les fascicules 4 et 5, 1886, de cette revue, et paraît ici sous forme de brochure.

Avant d'envoyer ces pages à l'imprimerie, j'ai exhumé et de nouveau parcouru le manuscrit de 1845-46. Le chapitre sur Feuerbach n'est pas terminé. La partie achevée consiste en un exposé de la conception matérialiste de l'histoire qui montre seulement combien étaient incomplètes encore à cette époque nos connaissances de l'histoire économique. La critique de la doctrine feuerbachienne elle-même y manque : pour mon but immédiat il était donc sans utilité. Par contre, j'ai trouvé dans un vieux cahier de Marx les notes sur Feuerbach, publiées dans l'appendice. Ce sont des notes, écrites au courant de la plume, pour être élaborées plus tard, nullement destinées à l'impression, mais inestimables comme le premier document où est déposé le germe génial de la nouvelle conception de l'univers.

Londres, 21 février 1886.

FRIEDRICH ENGELS.

LUDWIG FEUERBACH

ET

LA FIN DE LA PHILOSOPHIE CLASSIQUE ALLEMANDE

Le volume (1) que j'ai sous les yeux nous ramène à une époque qui, d'après le temps écoulé, n'est éloignée de nous que par un âge d'homme ; elle est aussi étrangère à la génération actuelle que si elle était vieille d'un siècle. Et cependant ce fut l'époque qui prépara l'Allemagne pour la révolution de 1848, et tout ce qui, chez nous, s'est accompli depuis, n'est que la suite de 1848, n'est que l'exécution testamentaire de la Révolution.

C'est la révolution philosophique qui au xixe siècle inaugurait la débacle politique en Allemagne, de

---

(1) *Ludwig Feuerbach* par C. N. Starcke, Dr Phil. Stuttgart, Ferd. Encke 1885.

La rédaction de la *Neue Zeit* m'ayant prié de lui fournir une critique du livre de M. Starcke (de Copenhague), j'ai cru devoir profiter de l'occasion pour donner un résumé succinct de l'évolution intellectuelle qui a conduit, en Allemagne, de Hegel à Marx, et où Feuerbach figure comme un des termes moyens.

même qu'au xviii° siècle elle l'avait inaugurée en France. Mais combien peu ressemblantes étaient les deux ! Les Français en guerre ouverte avec la science officielle tout entière, avec l'Eglise d'abord, et maintes fois aussi avec l'Etat ; leurs livres imprimés au delà des frontières, en Hollande ou en Angleterre, et eux-mêmes plus d'une fois contraints de prendre le chemin de la Bastille. Les Allemands, par contre, des professeurs, des précepteurs de la jeunesse, nommés par l'Etat ; leurs publications, des livres d'enseignement reconnus ; et le système qui fermait le cercle de tout le développement, le système hégélien, mis quasiment au rang d'une philosophie d'Etat du royaume prussien. Et la révolution se serait cachée derrière ces professeurs-là, derrière ce jargon pédant et embrouillé, derrière ces lourdes et indigestes périodes ? Les gens qui passaient alors pour les représentants de la révolution, les libéraux, n'étaient-ils pas précisément les adversaires déclarés de cette philosophie qui brouillait toutes les têtes ? Ce que ni les gouvernements ni les libéraux ne virent, un homme au moins le vit bien : il est vrai que cet homme avait nom *Heinrich Heine.*

Prenons un exemple. Aucune proposition philosophique n'a obtenu la reconnaissance d'un gouvernement borné, ni provoqué la colère de libéraux également bornés au même point que la célèbre proposition de Hegel : tout ce qui est réel est raisonnable, et tout ce qui est raisonnable est réel ! N'était-ce pas là manifestement la consécration de tout ce qui existait, du *statu quo* politique, la sanctification philosophique du despotisme, de l'état policier, de la justice par lettre de cachet, de la censure ? C'est ainsi, en effet, que Frédéric Guillaume III et ses sujets l'entendirent. Or, aux yeux de Hegel une chose n'est pas réelle par cela seule qu'elle existe. L'attribut de la réalité ne revient qu'à ce qui est en même temps nécessaire. « La réalité, au cours de son développement, se manifeste comme la nécessité », en sorte qu'une mesure gouvernementale quelconque — Hegel lui-même cite comme exemple « tel ou tel système d'impôts donné » — n'est pas accepté par lui, sans discussion, comme une réalité. Mais ce qui est nécessaire a sa raison d'être, se trouve donc, en dernière analyse, être raisonnable ; appliquée à l'Etat prussien de l'époque, la proposition de Hegel signifie seulement : cet Etat est raisonnable, a sa raison d'être, en tant qu'il est nécessaire ; si, nonobstant, il nous paraît mauvais, et se perpétue malgré son infériorité, l'infériorité du gouvernement se justifie et s'explique par l'infériorité correspondante des sujets. Les Prussiens d'alors avaient le gouvernement qu'ils méritaient.

Notez que la réalité suivant Hegel n'est aucunement un attribut appartenant à un état de choses politique ou social en tout temps et toutes circonstances. Bien loin de là. La république de Rome était « réelle » ; mais l'empire romain qui la supplanta l'était tout autant. La monarchie française en 1789 avait si bien cessé d'être « réelle » c'est-à-dire nécessaire et raisonnable, qu'elle dût être détruite par la grande révolution, de laquelle Hegel parle toujours avec enthousiasme. Donc, en la circonstance, la monarchie manquait de réalité et la révolution était le réel. C'est ainsi qu'au cours du développement, tout ce qui autrefois était réel, cesse de l'être, cesse d'être nécessaire, d'être raisonnable, perd son droit à l'existence : une réalité nouvelle et viable remplace la réalité qui se meurt — paisiblement si celle qui se meurt est assez intelligente pour disparaître sans se débattre, violemment si elle regimbe contre cette nécessité. Et, de la sorte, la proposition hégélienne, grâce à la dialectique hégélienne, se transforme en l'antinomie d'elle-même : tout ce qui dans le domaine de l'histoire de l'humanité est réel, devient tôt ou tard déraisonnable ; est, dès l'origine, entaché de déraison ; par contre, tout ce qu'il y a de raisonnable dans la tête des hommes, est destiné à devenir réel, pour si contradictoire que soit la chose avec l'apparente réalité qui existe. La proposition, « tout ce qui est réel, est raisonnable », selon toutes les règles de la méthode hégélienne, se résout en cette autre : « tout ce qui est, mérite de périr. »

La véritable grandeur et le caractère révolutionnaire de la philosophie hégélienne consistent en ce qu'elle bat en brèche, une fois pour toutes, la prétention à une validité définitive de toutes les créations de la pensée et de l'action humaines. Pour Hegel, la vérité philosophique qu'il s'agissait de connaître, n'était plus une collection de propositions dogmatiques toutes faites, lesquelles, une fois trouvées, ne demandent qu'à être apprises par cœur ; la vérité désormais gisait dans le procès même, dans l'intelligence de la longue évolution historique de la science, qui s'élève des degrés inférieurs à des degrés toujours plus hauts de la connaissance, sans jamais, toutefois, atteindre, par la découverte d'une soi-disant vérité absolue, ce sommet où il n'y a pas d'au delà, et où la science n'a plus qu'à se croiser les bras et à rester bouche bée devant la vérité absolue conquise. Et ce qui était vrai pour le domaine des connaissances philosophiques, s'applique à celui de toutes les connaissances et à celui de l'activité pratique. L'histoire, non plus que la connaissance, ne saurait se trouver définitivement close par un état idéal de l'humanité ; une société parfaite, un « Etat » parfait, n'existe que dans l'imagination ; bien mieux, toutes les phases historiques successives ne sont que des étapes dans la marche évolutive et progressive de l'histoire humaine. Chaque phase est nécessaire, et partant, légitime, pour l'époque et pour les circonstances auxquelles elle doit son existence, bien qu'elle devienne caduque et perde sa raison d'être en face des conditions nouvelles et supérieures qui se développent petit à petit dans son propre sein : il lui faut céder la place à une phase supérieure qui, à son tour, est condamnée à disparaître. De même que la bourgeoisie, grâce à la concurrence, à la grande industrie et au marché mondial, dissout toutes les antiques institutions établies et vénérées, la philosophie dialectique dissout toutes les notions d'une vérité absolue et définitive, ainsi que tout ce qu'il y a d'absolu dans les conditions humaines qui y correspondent.

Cette philosophie ne reconnaît rien de définitif, d'absolu, de sacré ; en toutes choses elle découvre un côté par où elles sont périssables ; rien ne trouve grâce devant elle, si ce n'est le procès ininterrompu du devenir et du périr, le mouvement ascensionnel qui va sans cesse de ce qui est moins parfait à ce qui est plus parfait. Et cette philosophie elle-même, qu'est-elle sinon le reflet de ce procès et de ce mouvement dans le cerveau humain ?

Elle a aussi, il est vrai, un côté conservateur ; elle reconnaît que des phases déterminées de la conscience publique, ou bien de la société elle-même, ont leur raison d'être en leurs temps et lieux ; mais là seulement. Le côté conservateur de cette philosophie est relatif ; son caractère révolutionnaire est absolu : l'unique absolu qu'elle laisse debout.

Nous n'avons pas à examiner ici si cette manière de voir est de tout point conforme à l'état actuel des sciences naturelles qui prédisent une fin probable à la terre elle-même, et une fin à peu près certaine à son habitalité, qui, par conséquent, admettent pour l'histoire de l'humanité aussi une branche ascendante et une branche descendante. Nous sommes, en tous cas, assez loin encore du tournant où l'histoire de l'humanité ira en descendant, et l'on ne saurait exiger de la philosophie hégélienne de s'occuper d'une question que, de son temps, la science naturelle n'avait pas encore mise à l'ordre du jour.

Faisons remarquer toutefois que l'évolution, telle qu'elle est exposée ci-dessus, ne se trouve pas chez Hegel dans toute cette rigueur. Elle est une conséquence nécessaire de sa méthode, mais lui-même ne l'a jamais déduite d'une façon aussi précise. Cela tout simplement parce qu'il était obligé de créer un système, et que, d'après toutes les conventions, un système philosophique qui se respecte, doit se clore par une vérité absolue quelconque. Aussi, tout en affirmant (plus spécialement dans la *Logique*) que cette vérité absolue n'est rien autre que le procès logique, le procès historique lui-même, il se voit forcé de mettre un terme à ce procès, parce qu'il lui faut bien, à la fin, mettre un terme à son système. Dans la *Logique* il peut de cette fin faire de nouveau un commencement puisqu'ici le terme final, « l'idée absolue », — qui n'est absolue qu'en tant qu'il ne sait absolument rien en dire — *s'extériorise*, prend une forme objective, dans la « nature », pour se retrouver plus tard dans « l'esprit », c'est-à-dire dans l'histoire et la pensée humaines. Mais au terme ultime de la philosophie tout entière, après avoir parcouru les trois étapes de la *Logique*, de la *Philosophie de la Nature* et de la *Philosophie de l'Esprit*, il n'y a qu'une seule manière d'effectuer un pareil retour au point initial : c'est de considérer l'histoire comme finie dès que l'humanité est parvenue à la connaissance de cette idée absolue, et de déclarer que cette connaissance est atteinte dans la philosophie hégélienne. De sorte que le contenu dogmatique du système hégélien est proclamé vérité absolue, — ce qui est en flagrante contradiction avec sa méthode dialectique, — tandis que le côté révolutionnaire est étouffé sous le poids écrasant du côté conservateur. Et ce qui vaut pour la connaissance philosophique, vaut pour la pratique historique. L'humanité qui, dans la personne de Hegel, est parvenue à élaborer l'idée absolue, doit être assez avancée pour pouvoir réaliser cette idée absolue dans la pratique. Cela posé, les revendications politiques, au moyen desquelles les contemporains mettront en pratique cette « idée absolue », ne seront pas trop exigeantes. C'est pourquoi nous trouvons à la fin de la *Philosophie du Droit* que l'idée absolue va se réaliser dans cette monarchie limitée par des Etats généraux, style ancien régime, que Frédéric-Guillaume III promettait si obstinément et si vainement à ses sujets ; c'est-à-dire dans un Etat dominé d'une manière modérée et indirecte par les classes possédantes, conformément aux conditions allemandes de l'époque. Par surcroît, Hegel profite de l'occasion pour démontrer par voie spéculative, la nécessité d'une aristocratie nobiliaire.

Les nécessités inhérentes du système suffisent donc à elles seules pour expliquer comme quoi une méthode de la pensée foncièrement révolutionnaire devait aboutir à une conclusion pratique des plus piètres. La forme spécifique de cette conclusion provient, à vrai dire, de ce que Hegel était allemand, et de ce que chez lui, ainsi que chez Gœthe, son contemporain, il y avait du philistin. Si Gœthe et Hegel, chacun dans sa sphère, était un Jupiter Olympien, ni l'un ni l'autre ne dépouillèrent jamais entièrement la peau du philistin.

Ce qui n'empêchait pas le système hégélien d'embrasser un domaine incomparablement plus vaste que n'importe quel système antérieur, et de déployer dans ce domaine une richesse de pensées, qui, à cette heure encore, nous frappe d'étonnement. *La Phénoménologie de l'Esprit* (que l'on pourrait appeler une parallèle de l'embryologie et de la paléontologie de l'esprit, l'évolution de la conscience individuelle, à travers ses diverses phases, considérée comme une reproduction abrégée des degrés parcourus par la conscience humaine dans l'histoire), la logique, la philosophie de la nature, la philosophie de l'esprit ; cette dernière élaborée dans ses formes historiques secondaires

— la philosophie de l'histoire, du droit, de la religion, l'histoire de la philosophie, l'esthétique, etc. : dans tous ces divers domaines de l'histoire Hegel s'efforce de découvrir et de démontrer le fil régulateur du développement. Et comme il était non seulement un génie créateur, mais encore un homme d'une science encyclopédique, partout où il apparaît, il fait époque. Il est bien entendu que, grâce aux exigences du système, il a dû trop souvent recourir à ces constructions arbitraires, au sujet desquelles les pygmées, ses adversaires, ont mené et mènent encore si grand bruit. Cependant ces constructions ne sont, pour ainsi dire, que le cadre et l'échafaudage de son œuvre ; pour peu qu'on ne s'y attarde pas inutilement, que l'on pénètre plus avant dans l'édifice grandiose, on y découvre des trésors innombrables, qui n'ont rien perdu de leur valeur. Chez tous les philosophes c'est précisément le système qui est la chose périssable ; et ceci parce qu'il naît d'un impérissable besoin de l'esprit humain, du besoin de concilier toutes les contradictions. Une fois toutes les contradictions éliminées, nous voilà en possesion de la soi-disant vérité absolue ; l'histoire de l'humanité est close et elle doit néanmoins continuer, bien qu'il ne lui reste plus rien à faire, — nouvelle et insoluble contradiction. Dès l'instant que nous avons compris, — et en fin de compte c'est grâce à Hegel surtout que nous sommes parvenus à le comprendre — que le problème philosophique, ainsi posé, se réduit à demander à un philosophe isolé ce que seule l'humanité entière, dans son évolution progressive, saurait accomplir, dès que nous avons compris cela, c'en est fait de toute philosophie dans l'acception ordinaire du mot. On envoie promener « la vérité absolue », inaccessible par cette voie pour un chacun, et l'on s'élance à la poursuite des vérités relatives, qui sont à notre portée à tous, par la voie des sciences positives et de la dialectique, laquelle établit la connexion et l'interdépendance de ces sciences, les groupe d'après leur ordre naturel, et en résume les résultats. Avec Hegel la philosophie atteint son terme final, d'une part parce que dans son système il embrasse le développement de la philosophie tout entière d'une manière grandiose, d'autre part, parce qu'il nous indique, bien qu'à son insu, le chemin pour sortir de ce labyrinthe des systèmes et pour parvenir à la connaissance réelle et positive du monde.

On conçoit le prodigieux effet que dut produire ce système hégélien dans l'atmosphère de l'Allemagne, tout imprégnée de philosophie. Ce fut une marche triomphale durant des décades, et que la mort de Hegel n'arrêta pas. Au contraire ; c'est de **1830 à 1840** surtout que l'hégélianisme régnait en maître souverain et qu'il avait plus ou moins infecté jusqu'à ses adversaires ; c'est précisément à cette époque que les vues de Hegel s'infiltrèrent de manière consciente ou inconsciente, dans toutes les sciences, et déposèrent un levain jusque dans la littérature populaire et la presse quotidienne, où le bourgeois ordinaire va puiser la matière de sa pensée. Cette victoire sur toute la ligne ne fut que le prélude d'une lutte intestine.

L'ensemble de la doctrine hégélienne permettait, nous l'avons vu, aux vues pratiques les plus diverses de se donner libre carrière, et ce qu'il y eut de pratique dans l'Allemagne théorique d'alors, ce furent avant tout la religion et la politique. A celui qui attachait le poids principal au *système* de Hegel, il était loisible d'être passablement conservateur dans l'un et l'autre domaine ; celui qui prêtait une importance prépondérante à la *méthode dialectique*, pouvait, en politique comme en religion, être de l'opposition la plus extrême. Hegel lui-même, en dépit de ses fréquentes explosions de colère, semblait plutôt pencher du côté conservateur : aussi bien son système lui avait coûté autrement « du dur labeur de la pensée » que sa méthode. Vers 1835 la division éclatait de plus en plus dans l'école. L'aile gauche, les jeunes hégéliens, dans leur lutte avec les piétistes orthodoxes et les réactionnaires féodaux, renoncèrent peu à peu à cette morgue aristocratico-philosophique à l'égard des questions brûlantes du jour qui leur avait valu la tolérance, voire la protection du gouvernement. Lorsque, pour comble, la bigoterie orthodoxe et la réaction féodale et absolutiste montèrent sur le trône avec Frédéric

Guillaume IV, force fut de prendre parti publiquement. On combattait bien encore avec des armes philosophiques, mais non plus pour des buts abstraits et philosophiques, il s'agissait directement de la destruction de la religion traditionnelle et de l'Etat existant. Si dans les *Annales Allemandes* le but pratique final se revêt encore du travesti philosophique, la jeune école hégélienne, dans la *Gazette Rhénane* de 1842, se dévoilait comme la philosophie de la bourgeoisie radicale aspirante, et ne s'affublait plus du petit manteau philosophique que pour se dérober à la censure.

Comme la politique était à cette époque un terrain dangereux, l'attaque principale fut dirigée contre la religion ; cette lutte, à la vérité, était indirectement, et notamment depuis 1840, une lutte polititique. La première impulsion avait été donnée, en 1835, par *la vie de Jésus*, de Strauss. La théorie de la formation des mythes évangéliques, qui y est développée, fut combattue plus tard par Bruno Bauer, qui démontrait comme quoi des séries entières de narrations évangéliques avaient été fabriquées par les évangélistes eux-mêmes. La dispute, déguisée en dispute philosophique, devint la lutte de « la conscience du moi » contre « la substance » ; la question de savoir si les histoires miraculeuses étaient nées au sein de la communauté par une formation de mythes traditionnels et spontanés, ou bien si elles avaient été fabriquées, de propos délibéré, par les évangélistes, fut grossie au point de devenir la question de savoir si, dans l'histoire du monde, la « substance » ou la « conscience du moi » est la grande puissance motrice; et finalement apparut Stirner, le prohète de l'anarchisme de nos jours, et Stirner — Bakounine lui a beaucoup emprunté — surpassa la souveraine « conscience du moi « par son souverain « Moi, l'unique ».

Ce n'est pas ici le lieu d'étudier par le menu ce côté du procès de dissolution de l'école hégélienne. Mais voici qui est important : la majorité des jeunes hégéliens les plus intransigeants, de par les nécessités pratiques de la lutte contre la religion positive, durent avoir recours au matérialisme Anglo-Français. Ils vinrent en conflit avec leur système d'école. Tandis que le matérialisme envisage la nature comme la seule réalité, la nature dans le système hégélien n'est que « l'extériorisation », la forme secondaire de l'idée absolue, comme qui dirait une dégradation de l'idée ; en tout état de cause, la pensée, et le produit de la pensée, l'idée, est ici la chose originelle ; la nature est la chose dérivée, qui n'existe que grâce à la condescendance de l'idée. Et l'on se débattait dans cette antinomie tant bien que mal, sans jamais en sortir.

C'est alors que parut l'*Essence du Christianisme* de Feuerbach. Du coup le livre réduisit en poussière l'antinomie, en intronisant le matérialisme à nouveau et sans ambages. La nature existe indépendamment de toute philosophie ; elle est le sol sur lequel nous autres hommes, nous-mêmes des produits de la nature, nous avons poussé ; il n'existe rien en dehors de la nature et des hommes, et les êtres supérieurs, créés par notre fantaisie religieuse, ne sont que le reflet fantastique de notre propre être. Le charme fut brisé : on avait fait sauter le « sytème ». L'antinomie était éliminée ; elle n'avait existé que dans l'imagination.

Il faut avoir soi-même éprouvé l'influence libératrice de ce livre pour s'en faire une idée. L'enthousiasme fut général ; nous étions tous momentanément des Feuerbachiens. Avec quelle joie Marx salua la nouvelle conception, et à quel point, — malgré toutes ses réserves critiques — il en subissait l'influence, on peut le lire dans la *Sainte Famille*.

Les défauts même du livre contribuèrent à en rehausser le succès immédiat. Le style très littéraire, ampoulé même par endroits, lui assurait un plus nombreux public, et, de fait, était rafraîchissant après les longues années d'élucubrations abstraites et abstruses à la Hegel. Il en allait de même de la déification de l'Amour, qui trouvait son excuse, sinon sa justification, dans la souveraineté, devenue insupportable, de la « pensée pure ». Toutefois il convient de ne pas oublier que c'est à ces deux côtés faibles de Feuerbach que se rattacha le « vrai socialisme » qui, dès 1844, s'était répandu comme une peste dans l'Allemagne cultivée ; qui remplaçait la connaissance scientifique par la phraséologie des gens de lettres, et l'émancipation du prolétariat, au moyen de la transformation économique de la production, par l'affranchissement de l'humanité au moyen de « l'amour », bref, qui aboutit à la littérature nauséabonde, et au galimatias sentimental, dont M. Karl Grün fut le représentant typique.

De plus il importe de dire que si l'école hégélienne était dissoute, la philosophique hégélienne n'était pas critiquement dépassée. Strauss et Bauer, dans leur polémique, firent ressortir, chacun de son côté, l'un des aspects de la philosophie pour le tourner contre l'autre. Feuerbach rompit nettement avec le système en le rejetant purement et simplement. Mais on ne vient pas à bout d'une philosophie par cela seul qu'on la déclare fausse. Surtout une œuvre d'aussi puissante envergure que la philosophie de Hegel, qui a exercé une si colossale influence sur le développement intellectuel de la nation, ne se supprime pas par cela seul qu'on l'ignore. Il fallait la « résoudre » dans le sens même qu'elle donnait à ce mot ; c'est-à-dire, il fallait que la forme en fût anéantie, au moyen de la critique, et que le fond, le contenu, en fût sauvé ! Nous verrons plus loin de quelle façon la chose advint.

En attendant, la révolution de 1848 jeta de côté la philosophie tout entière avec la même désinvolture que Feuerbach avait jeté de côté son Hegel. Du même coup Feuerbach fut rejeté dans l'ombre.

II

La grande question fondamentale de toute philosophie, et particulièrement de la philosophie moderne, est celle du rapport de la pensée et de la réalité, autrement dit de la pensée et de la matière. Dès l'époque bien reculée où les hommes, dans l'ignorance complète de leur propre organisme, et poussés par les phénomènes du rêve, furent amenés à se représenter leur penser et leur sentir non pas comme une activité de leur corps, mais comme celle d'une âme habitant ce corps et le quittant à la mort (1) dès cette époque ils durent se préoccuper des rapports de cette âme avec le monde ambiant. Si, à la mort, l'âme se séparait du corps et continuait à vivre de sa vie propre, il n'y avait pas de raison pour inventer une mort spéciale pour elle : c'est ainsi que se forma la notion de son immortalité qui, à ce degré de l'évolution, n'apparaît nullement comme une

---

(1) Aujourd'hui encore les sauvages et les barbares inférieurs croient généralement que les formes humaines qui apparaissent dans le rêve sont les âmes qui abandonnent les corps pour un temps : c'est pourquoi le rêveur rend responsable l'homme réel des actes commis par son fantôme. C'est ce que constata par exemple Imthurm, 1884, chez les Indiens de la Guyane.

consolation, mais comme une fatalité inéluctable, et assez souvent, ainsi que chez les Grecs, comme un malheur positif. Ce n'était pas le besoin de consolation religieuse qui inspira l'ennuyeuse idée d'une immortalité personnelle, mais bien l'embarras où l'on se trouvait, dans la pénurie générale d'idées, de savoir que faire de cette âme, une fois admise, après la mort.

Par un procédé tout pareil, — par la personnification de la nature, — furent créés les premiers Dieux qui, par suite d'une plus parfaite élaboration des religions, prirent une forme de plus en plus surnaturelle ; jusqu'à ce que, finalement, par un procès d'abstraction, je dirais presque de distillation, se manifestant dans le cours du développement intellectuel, les hommes tirèrent des multiples Dieux plus ou moins limités et se limitant réciproquement, la conception de l'unique, de l'exclusif Dieu des religions monothéistes.

La question du rapport de la pensée et de la réalité, de l'esprit et de la matière, la plus haute question de la philosophie entière prend donc, à l'égal de toute religion, sa source dans les conceptions bornées et ignorantes de l'état de sauvagerie. Cependant elle ne pouvait être posée dans toute sa rigueur, elle ne pouvait prendre toute son importance qu'au moment où l'humanité s'éveilla de son long sommeil du moyen âge chrétien. La question du rapport de la pensée et de la réalité a d'ailleurs joué un grand rôle dans la scolastique du moyen âge ; la question de savoir de qui, de l'esprit ou de la matière, est primordial, se formulait ainsi vis-à-vis de l'Eglise : Est-ce Dieu qui a créé le monde ou bien le monde a-t-il existé de toute éternité ?

Suivant la réponse faite à cette demande, les philosophes se divisèrent en deux vastes camps. Ceux qui maintenaient la primordialité de l'esprit, qui admettaient donc, en dernier ressort, un créateur du monde quelconque — et cette création est autrement embrouillée et impossible dans la philosophie, dans celle de Hegel par exemple, que dans le christianisme — formèrent le camp de l'idéalisme. Les autres qui considéraient la matière, la nature, comme préexistantes, appartiennent aux différentes écoles du matérialisme.

A l'origine, les expressions Idéalisme et Matérialisme ne signifiaient pas autre chose, et c'est dans ce sens que nous les employons ici. Nous verrons par la suite quelle confusion se produit lorsqu'on y en attache un autre.

La question du rapport de la pensée et de la réalité présente encore un autre côté : quelle relation y a-t-il entre nos pensées sur le monde qui nous entoure et ce monde lui-même ? Notre raison est-elle capable de connaître le monde ? Pouvons-nous, dans nos représentations et nos idées du monde réel, reproduire une image fidèle de la réalité ? En langue philosophique cette question s'appelle la question de l'identité de la pensée et de la réalité, et à cette question l'immense majorité des philosophes a répondu par l'affirmative. Chez Hegel, par exemple, l'affirmation allait de soi, car ce que nous pouvons connaître du monde réel en est précisément le contenu intellectuel qui fait du monde une réalisation graduée de l'idée absolue, laquelle idée absolue a existé, on ne sait où, de toute éternité, indépendamment du monde et antérieurement au monde. Mais il est évident que l'intelligence peut comprendre un élément qui dès l'origine est un élément intelligible ; on voit bien que ce qui est à démontrer ici est déjà contenu implicitement dans les prémisses. Ce qui n'empêche pas du tout Hegel de déduire de sa démonstration de l'identité de la pensée et de la réalité cette autre conclusion que sa philosophie, parce que vrai pour sa pensée à lui, est la seule vraie, et que, afin de confirmer l'identité de la pensée et de la réalité, l'humanité doit désormais transporter sa philosophie de la théorie dans la pratique et transformer le monde entier en accord avec les principes hégéliens. C'est là une illusion qu'il partage avec à peu près tous les philosophes.

D'autre part il existe beaucoup de philosophes qui contestent la possibilité d'une connaissance du monde, ou du moins d'une connaissance adéquate du monde. De ce nombre, parmi les modernes, sont Hume et Kant, qui ont joué un rôle prépondérant dans le développement philosophique. Ce qu'il y a de décisif à dire pour réfuter cette opinion, Hegel l'a dit, dans la mesure où le permettait son point de vue idéaliste ; les arguments matérialistes ajoutés par Feuerbach sont plus spirituels que profonds. La plus éclatante réfutation de cette lubie, aussi bien que de toute autre marotte philosophique, est la pratique, c'est-à-dire l'expérience et l'industrie. Si nous parvenons à faire l'épreuve de la justesse de notre conception d'un procès naturel, si nous réussissons à la reproduire nous-mêmes en réalisant les conditions qui le font naître ; si, en outre, nous l'assujettissons à notre volonté en le faisant servir à l'accomplissement de nos buts, c'en est fait de l'insaisissable « chose en soi » de Kant. Les substances chimiques, produites par les organismes des plantes et des bêtes, étaient de telles « choses en soi », jusqu'à ce que la chimie commençât à les produire, les unes après les autres, par la combinaison des éléments chimiques, leurs constituants ; dès lors « la chose en soi » devenait une chose pour nous. Ainsi, par exemple, la matière colorante de la garance, l'alizarine, nous ne la cultivons plus aux champs, dans les racines de la garance, parce que nous nous la procurons plus aisément et à meilleur compte à l'aide du goudron de houille. Le système solaire de Copernic était une hypothèse pendant trois siècles, en faveur de laquelle il y avait 100, 1.000, 10.000 contre 1 à parier ; mais ce n'était qu'une hypothèse. Lorsque Leverrier, à l'aide des dates données par ce système, établit par le calcul la nécessité de l'existence d'une planète inconnue, et jusqu'à la place qu'elle devait occuper dans le ciel ; lorsque Gall découvrit effectivement cette planète à la place indiquée, le système de Copernic était démontré. Si, néanmoins, les Néo-Kantiens essaient de renouveler la théorie de Kant en Allemagne, et les Agnostiques celle de Hume en Angleterre, c'est là, depuis la réfutation théorique et pratique qui, depuis longtemps, en a été faite, un regrès au point de vue scientifique, et au point de vue pratique, tout simplement une façon timorée d'accepter le matérialisme en petit comité et de le désavouer devant le monde.

Mais durant cette longue période de Descartes à Hegel, et de Hobbes à Feuerbach, les philosophes n'étaient certes pas portés en avant, ainsi qu'ils se l'imaginèrent, uniquement par la force de la raison pure. Bien au contraire ; ce qui réellement les faisait aller de l'avant, ce fut le progrès de plus en plus accéléré des sciences naturelles. Pour les matérialistes cela sautait aux yeux ; mais les systèmes idéalistes, eux aussi, se remplissaient toujours davantage de contenu matérialiste, et cherchèrent à concilier l'antagonisme de l'esprit et de la matière au moyen du panthéisme ; de sorte que le couronnement de l'édifice philosophique, le système hégélien, nous offre un matérialisme retourné, pour ainsi dire, comme un gant, et nous présente la doublure idéaliste qui le fera passer pour un idéalisme pur.

L'évolution de Feuerbach est celle d'un Hégélien, — non des plus orthodoxes à la vérité, — vers le matérialisme ; évolution qui à un certain moment exige une rupture complète avec le système idéaliste du maître, son devancier. Avec une force irrésistible, la conviction s'empare de lui que l'existence primordiale de « l'idée absolue », la « préexistence des catégories logiques », n'est autre chose qu'un reste de croyance en un créateur extra-mondain ; que le monde matériel et perceptible par les sens, dont nous-mêmes nous faisons partie, est la seule réalité, et que notre conscience et notre pensée, pour si spirituelles qu'elles paraissent, sont le produit d'un organe matériel, — physique, — du cerveau. La matière n'est pas un produit de l'esprit ; au contraire, l'esprit n'est lui-même que le produit le plus supérieur de la matière. Ceci, naturellement, est du matérialisme pur. Arrivé à ce point Feuerbach tourne court. Il ne peut surmonter le préjugé philosophique contre le matérialisme, — contre le nom, sinon contre la chose. « Pour moi », dit-il, « le matérialisme est le fondement de l'édifice de l'existence et de la connaissance humaines, mais il n'est pas, ce qu'il est pour les physiologistes, pour les naturalistes, proprement dits, pour Moleschott par exemple, et — nécessairement de leur point de vue — l'édifice lui-même. En arrière je suis entièrement d'accord avec les matérialistes, mais non pas en avant. »

Ici Feuerbach confond le matérialisme, qui est une conception de l'univers fondée sur une vue déterminée des rapports de l'esprit et de la matière avec la forme spéciale que revêtit cette conception à une époque donnée, c'est-à-dire, au xvIII[e] siècle : il le confond avec la forme banalisée et vulgarisée que revêt aujourd'hui le matérialisme du xvIII[e] siècle dans la tête de naturalistes et de médecins du genre des Büchner, des Vogt et des Moleschott. Or, de même que l'idéalisme, le matérialisme a parcouru bien des degrés de développement. Avec toute découverte faisant époque, rien que dans les sciences naturelles, il est tenu de changer de forme, et, depuis l'application de la méthode matérialiste, pour l'histoire aussi s'ouvre une voie évolutive nouvelle.

Le matérialisme du xvIII[e] siècle a été essentiellement mécanique parce que, seule, parmi les sciences de l'époque, la mécanique (celle des corps solides — célestes et terrestres — bref, la mécanique de la gravité) était très avancée. La chimie n'existait que sous sa forme enfantine, la forme phlogistique. La biologie était encore dans les langes ; l'organisme végétal et animal n'avait été étudié que grossièrement ; pour en expliquer la constitution et le fonctionnement on avait recours à des causes purement mécaniques. De même que l'animal l'avait été pour Descartes, l'homme pour les matérialistes du xvIII[e] siècle n'était qu'une machine. Cette application exclusive de l'étalon de la mécanique à des procès qui sont de nature chimique et organique, et où les lois mécaniques, bien qu'entrant en ligne de compte, sont reléguées à l'arrière-plan par d'autres lois supérieures, constitue l'étroitesse, inévitable à cette époque, du matérialisme français du XVIIIe siècle.

Une autre cause de l'étroitesse spécifique de ce matérialisme, ce fut son impuissance à concevoir le monde comme un procès, comme un système soumis à une évolution historique. Ceci correspondait à l'état des sciences de l'époque et à la méthode métaphysique et antidialectique de raisonner qui s'y rattachait. La nature, on le savait, était en mouvement perpétuel. Mais ce mouvement, d'après les notions d'alors, tournait dans un cercle et n'avançait pas ; il produisait toujours de nouveau des résultats identiques : les planètes circulaient autour du soleil dans leurs orbites respectives depuis toute éternité ; les plantes et les animaux qui les habitaient, n'avaient jamais changé de forme. Cette vue était une fatalité à cette date. La théorie Kantienne qui expliquait l'origine du système solaire venait seulement d'être formulée et n'était regardée que comme une curiosité. L'histoire de l'évolution de la terre, la géologie, était entièrement inconnue, et la thèse que les êtres naturels, aujourd'hui existants, sont le produit d'une longue série, évoluant du simple vers le composé ne pouvait alors être posée scientifiquement. La conception anti-historique de la nature était donc inévitable. On est d'autant moins fondé à en faire un reproche aux philosophes du XVIIIe siècle qu'elle se rencontre également chez Hegel. Pour lui, la nature, n'étant que « l'extériorisation », la forme secondaire et dégradée de l'idée, n'est susceptible d'aucun développement dans le temps, mais seulement d'une extension de sa diversité dans l'espace, de sorte qu'elle exhibe simultanément et côte à côte les divers degrés de développement qu'elle contient. Ce contre-sens, Hegel le prête à la nature au moment même où la géologie, l'embryologie, la physiologie végétale et animale et la chimie organique furent élaborées, et alors que partout ces nouvelles sciences faisaient pressentir la théorie de l'évolution (Voyez Gœthe et Lamarck). Mais le système l'exigeait, et c'est ainsi que la méthode, pour l'amour du système, dût se trahir elle-même.

Dans le domaine de l'histoire ce fut la lutte contre les vestiges du moyen âge qui empêchait de voir clair. Le moyen âge passait pour n'avoir fait qu'interrompre l'histoire par une barbarie générale d'un millier d'années ; les progrès silencieux mais extraordinaires du moyen âge, l'extension du domaine cultivé de l'Europe, les grandes nations viables qui s'étaient formées les unes à côté des autres, enfin les énormes progrès techniques du xiv° et du xv° siècle — tout cela était non avenu. Une intelligence rationnelle de l'histoire, l'enchaînement de l'histoire, devenait ainsi impossibles ; et l'histoire ne fit plus que servir de magasin bon à fournir des exemples et des illustrations à l'usage des philosophes et des moralistes.

Les commis-voyageurs vulgarisateurs qui colportèrent le matérialisme en Allemagne vers la période de 1850 à 1860, ne dépassèrent en aucune façon les limites tracées par leurs maîtres. Tous les progrès faits depuis lors dans les sciences naturelles, ne leur servirent qu'à apporter des preuves nouvelles contre l'existence du créateur du monde. De fait il n'entrait pas dans leur métier de creuser la théorie plus avant. Si l'idéalisme était à bout de son latin, si la révolution de 1848 l'avait frappé à mort, l'idéalisme eut la satisfaction de constater que le matérialisme était, momentanément, tombé plus bas encore. Feuerbach avait décidément raison lorsqu'il déclinait toute responsabilité à l'égard de ce matérialisme là ; seulement il avait tort de confondre la doctrine de ces prédicateurs ambulants avec le matérialisme en général.

Il a deux excuses. Premièrement, du vivant de Feuerbach, les sciences naturelles étaient encore dans ce procès de fermentation continuel auquel ne succéda un état de clarté et de stabilité relatives que dans les dernières quinze années. Si la somme des connaissances s'était accrue dans des proportions inconnues jusqu'alors, ce n'est que tout récemment qu'on a pu établir la liaison, et, par là, mettre de l'ordre, dans ce chaos de découvertes se précipitant les unes sur les autres. Il est vrai que Feuerbach a vécu assez longtemps pour connaître les trois découvertes décisives; celle de la cellule, de la transformation de l'énergie et de la théorie de l'évolution qui porte le nom de Darwin. Mais comment le philosophe solitaire, relégué à la campagne, eut-il pu se tenir suffisamment au courant de la science pour savoir apprécier à leur juste valeur des découvertes que, d'une part, les naturalistes eux-mêmes contestèrent, et que, d'autre part, il n'était pas en état de mettre à profit comme il convenait. La faute ici retombe tout entière sur les misérables conditions sociales et politiques de l'Allemagne d'alors, qui firent que les chaires de philosophie étaient occupées par d'éclectiques fendeurs de cheveux en quatre, tandis que Feuerbach, qui pourtant les dépassait tous de cent coudées, dût s'enterrer dans un petit village où il s'aigrissait et s'encroûtait. Ce n'est pas la faute de Feuerbach si la conception historique de la nature, devenue possible de nos jours, et faisant justice de l'étroitesse du matérialisme français, lui est restée lettre close.

En second lieu, Feuerbach a parfaitement raison de dire que le matérialisme des sciences naturelles est bien le fondement de l'édifice du savoir humain, mais non pas l'édifice lui-même. Car nous ne vivons pas seulement dans la nature, nous vivons aussi dans la société humaine, et celle-ci a son histoire d'évolution et sa science non moins que la nature. Il s'agissait donc de faire concorder l'histoire de la société, c'est-à-dire l'ensemble des sciences dites historiques et philosophiques, avec la base matérialiste, et de la reconstruire sur celle-ci. Il ne fut pas donné à Feuerbach d'accomplir cette tâche. Ici, en dépit du « fondement », il resta empêtré dans les liens idéalistes, ainsi que l'attestent ces paroles. « En arrière je suis d'accord avec les matérialistes mais non en avant ». Or, celui qui, en l'occurence, restait « en arrière » dans le domaine des sciences sociales, et ne dépassait pas le point de vue de 1840 ou 1844, ce fut Feuerbach lui-même, et cela, encore une fois, grâce surtout à son isolement qui le condamnait à puiser ses pensées dans sa tête solitaire — lui qui plus que tout autre philosophe était fait pour les relations sociales — au lieu de les prendre dans le commerce, hostile ou amical, des hommes de sa valeur. Dans la suite nous verrons par le détail à quel point Feuerbach est resté idéaliste dans les sciences qui s'occupent de la société humaine et de son développement historique.

Remarquons cependant que Starcke cherche l'idéalisme de Feuerbach là où il n'est pas. « Feuerbach, dit-il, est idéaliste, il croit au progrès de l'humanité... » « L'idéalisme est néanmoins la base, le fondement de tout. Le réalisme, pour nous, n'est qu'une sauvegarde contre les égarements possibles pendant que nous suivons nos courants idéaux. Est-ce que la pitié, l'amour et l'enthousiasme pour la vérité et la justice ne sont pas des puissances idéales ? »

D'abord, idéalisme ici veut dire tout simplement la poursuite de buts idéaux. Or ceux-ci font nécessairement partie intégrante tout au plus de l'idéalisme Kantien et de son « impératif catégorique ». Si Kant donnait à sa philosophie le nom « d'idéalisme transcendant » ce n'était certes pas parce qu'il y était question de buts idéaux, mais pour de tout autres raisons. La fausse croyance que l'idéalisme philosophique roule sur la foi en des fins idéales, morales et sociales, est née en dehors de la philosophie, dans la tête du philistin allemand qui apprend par cœur, dans les poésies de Schiller, les quelques bribes de philosophie dont il a besoin. Personne n'a critiqué plus sévèrement l'impuissant impératif catégorique de Kant — impuissant parce qu'il veut embrasser l'impossible, et par conséquent n'étreint jamais rien de réel — personne ne s'est plus cruellement moqué de cet enthousiasme philistin pour des buts idéaux irréalisables (voir *la Phénoménologie*) que précisément Hegel, l'idéaliste accompli.

Ensuite, c'est en effet chose inévitable que tout ce qui agite l'homme doit passer par sa tête ; il boit et mange par suite de la soif et de la faim ressenties par le cerveau, et il s'arrête par suite de l'assouvissement, également ressenti par le cerveau. Les influences exercées par le monde extérieur sur l'homme s'impriment dans son cerveau, s'y réfléchissent en guise de sensations, pensées, impulsions, déterminations de la volonté, bref, en « courants idéaux », et sous cette forme deviennent des « puissances idéales ». Si la circonstance qu'un homme suit des « courants idéaux », et reconnaît l'influence qu'exercent sur lui les « puissances idéales », fait de cet homme un idéaliste, tout homme, développé tant soit peu normalement, est né idéaliste et alors comment se peut-il faire qu'il y ait encore des matérialistes ?

En dernier lieu, la conviction que l'humanité, pour l'heure présente du moins, et prise en gros et en bloc, suit un mouvement progressif, n'a absolument rien à voir avec l'antinomie du matérialisme et de l'idéalisme. Les matérialistes français, à l'égal des déistes, Voltaire et Rousseau, leurs contemporains, avaient cette conviction à un degré presque fanatique, et maintes fois lui firent les plus grands sacrifices personnels. Si jamais homme a consacré sa vie à « l'enthousiasme pour la vérité et la justice » — la phrase prise dans un bon sens — ce fut Diderot. Par conséquent, quand Starcke affirme que ceci est de l'idéalisme, cela prouve seulement que le mot matérialisme, ainsi que l'antinomie des deux tendances, ont ici perdu pour lui toute signification.

Le philistin, par le mot matérialisme, entend la goinfrerie, l'ivrognerie, la paillardise, la soif de l'argent, la cupidité et la lésine, la fabrication du profit et la tricherie à la Bourse, bref, tous les vices crapuleux auxquels lui-même s'adonne en cachette ; par idéalisme il entend la croyance à la vertu, à l'amour de l'humanité et à un meilleur monde en général, choses qu'il pose pour aimer devant le monde, mais auxquelles il ne croit guère qu'au moment de la faillite, et pendant les accès de mal aux cheveux qui, fatalement. suivent ses excès *matérialistes* habituels, et alors qu'il chantonne sa chanson favorite : « Qu'est-ce que l'homme ? Moitié bête, moitié ange ».

III

Le véritable idéalisme de Feuerbach se révèle dès que nous abordons sa Philosophie de la religion et son Éthique. Il ne veut pas abolir la religion, il ne veut que la compléter. La philosophie elle-même doit se résoudre en religion. « Les périodes de l'humanité ne se distinguent que par des transformations religieuses. Un mouvement historique ne pénètre jusqu'au fond, que pour autant qu'il pénètre jusqu'au cœur de l'homme. Le cœur n'est pas une forme de la religion... ; il est l'essence même de la religion. » La religion, suivant Feuerbach, est le rapport sentimental, le rapport du cœur de l'homme à l'homme, rapport qui jusqu'ici a cherché la vérité dans un reflet fantastique de la réalité — par l'entremise d'un ou de plusieurs dieux, reflets fantastiques de qualités humaines — mais qui désormais la trouve directement, et sans intermédiaire dans l'amour qui existe entre moi et toi. Si bien que, finalement, c'est l'amour sexuel qui, chez Feuerbach, devient une des formes les plus élevées, sinon la plus élevée, de la mise en pratique de sa nouvelle religion.

Or, les rapports sentimentaux des hommes, et

notamment des deux sexes, ont existé depuis qu'il existe des hommes. L'amour sexuel, en particulier, a, dans les huits derniers siècles, pris un développement, et conquis une position tels qu'il est devenu le pivot obligé sur lequel tourne toute poésie. Les religions positives existantes se sont contentées de donner une consécration suprême à la réglementation par l'Etat de l'amour sexuel, c'est-à-dire, du mariage; elles pourraient toutes disparaître demain, leur disparition n'amènerait pas le moindre changement dans la pratique de l'amour et de l'amitié. Comme, effectivement, la religion chrétienne avait disparu en France, de 1793 à 1798, au point que Napoléon lui-même ne parvint pas à l'introduire de nouveau sans difficulté et sans conteste; sans, toutefois, que dans cet intervalle le besoin se fût fait sentir d'une compensation dans le sens de Feuerbach.

Ici l'idéalisme de Feuerbach consiste en ce qu'il n'accepte pas les rapports humains, fondés sur des penchants réciproques, à savoir, l'amour sexuel, l'amitié, la pitié, le dévouement, etc., tout bonnement pour ce qu'ils sont, sans réminiscences d'une religion spéciale, appartenant, à ses yeux aussi, au passé, mais en ce qu'il maintient que ces rapports n'acquièrent toute leur valeur qu'autant qu'ils reçoivent une sanction supérieure par le nom religion. L'important pour lui n'est pas que ces rapports purement humains existent; c'est qu'ils soient conçus comme la nouvelle, la vraie religion. Ils n'ont une validité parfaite qu'alors qu'on leur imprime le sceau de la religion. Le mot religion dérive de *religare*, et, à l'origine, signifiait union. Donc, toute union de deux personnes est une religion. De pareils tours de force étymologiques sont les derniers expédients de la philosophie idéaliste. Ce qui doit compter n'est pas ce que le mot signifie d'après le développement historique de son emploi, mais ce qu'il devrait signifier selon sa dérivation. C'est ainsi que l'amour sexuel et l'union sexuelle sont subtilisés en une religion, à seule fin que le mot religion, si cher aux idéalistes, ne disparaisse pas de la langue. Un langage tout pareil fut tenu, après 1840, par les réformateurs de la nuance Louis Blanc, qui, eux aussi, ne pouvaient se représenter un homme sans religion autrement que comme un monstre, et qui nous disaient : « Donc, c'est l'athéisme votre religion. »

Quand Feuerbach s'efforce d'établir la vraie religion sur la base d'une conception de la nature essentiellement matérialiste, c'est à peu près comme si l'on concevait la chimie moderne comme la vraie alchimie. Si la religion peut exister sans son Dieu, l'alchimie peut bien se passer de la pierre philosophale. Il existe, d'ailleurs, un lien étroit entre l'alchimie et la religion. La pierre a maintes propriétés divines, et les alchimistes Greco-Egyptiens des deux premiers siècles de notre ère, ont été pour quelque chose dans l'élaboration de la doctrine chrétienne, ainsi que le démontrent les données fournies par Kopp et Berthelot.

Où Feuerbach est décidément dans l'erreur, c'est lorsqu'il affirme que « les périodes de l'humanité ne se distinguent que par des transformations religieuses ». Dire que les tournants historiques ont été accompagnés de transformations religieuses, cela n'est vrai que pour les trois grandes religions mondiales, à savoir, le Boudhisme, le Christianisme et l'Islam. Les vieilles religions primitives de nations et de tribus ne faisant pas de prosélytisme, perdirent toute force de résistance dès que fut brisée l'indépendance des tribus et des peuples ; pour les Germains, il suffisait du simple contact avec l'empire romain à son déclin, et avec la religion chrétienne, nouvellement adoptée par lui, parce qu'elle répondait à ses conditions économiques, politiques et intellectuelles. Alors seulement qu'il s'agit de ces religions mondiales, créées plus ou moins artificiellement, et plus spécialement du Christianisme et de l'Islam, trouve-t-on que des grands mouvements historiques revêtent un caractère religieux ; et encore dans le domaine du christianisme, le caractère religieux est-il limité pour les révolutions d'un caractère vraiment universel, aux premières phases de la lutte de l'émancipation de la bourgeoisie du xiii° au xvii° siècle ; et il ne s'explique pas, comme le pense Feuerbach, par le cœur humain et par son besoin religieux, mais par toute l'histoire antérieure du moyen âge, qui ne connaissait pas d'autres formes d'idéologie que la religion et la théologie. Mais aussitôt que la bourgeoisie, au xviiie siècle, fut devenue assez forte pour avoir une idéologie à elle, ajustée à son point de vue de classe, elle fit sa grande et définitive révolution, la Révolution française, en faisant appel exclusivement à des idées juridiques et politiques ; elle ne se souciait de la religion que lorsque celle-ci devenait un obstacle, mais il ne lui vint pas à l'idée de mettre une nouvelle religion à la place de l'ancienne ; on sait, comment échoua la tentative de Robespierre.

L'épanouissement des sentiments purement humains dans nos rapports avec nos semblables, est déjà bien assez contrarié par la société basée sur l'antagonisme de classes et la domination de classes, dans laquelle nous sommes contraints de vivre ; nous n'avons pas de raisons pour nous gâter ces rapports encore davantage par la sublimation de ce sentiment en une religion. Et, pareillement, notre intelligence des grandes luttes de classes est déjà bien assez obscurcie par la manière courante d'écrire l'histoire, surtout en Allemagne, sans qu'il nous faille la rendre tout à fait impossible par la transformation de ces luttes en un simple appendice à l'histoire de l'Eglise.

Feuerbach n'a sérieusement étudié qu'une seule religion, le christianisme, la religion mondiale de l'occident qui est fondée sur le monothéisme. Il démontre que le dieu chrétien n'est que le reflet fantastique, l'image de l'homme. Mais ce Dieu lui-même n'est que le produit d'un lent procès d'abstraction, il est la quintessence concentrée des nombreux dieux de nations et de tribus antérieures. D'où il suit que l'homme, lui aussi, dont ce Dieu n'est que l'image, n'est pas un homme réel ; il est la quintessence de nombreux hommes réels, l'homme abstrait ; il n'est donc, à son tour, qu'un concept de la pensée. Le même Feuerbach qui, dans chacune de ses pages, prêche le sensualisme, la chose concrète, la réalité, devient tout ce qu'il y a de plus abstrait dès qu'il s'agit de relations humaines autres que des rapports sexuels. Ces rapports ne lui suggèrent qu'une chose, — la morale. Et ici l'étonnante indigence de Feuerbach, mis en regard de Hegel, nous frappe de nouveau. L'Ethique ou la doctrine de la morale de ce dernier, est la *Philosophie du Droit* et comprend : 1° le droit abstrait, 2° la moralité, 3° les mœurs qui comprennent la famille, la société civile de l'Etat. Pour si idéaliste que soit la forme, le contenu en est réaliste. Il embrasse le domaine entier du droit, de l'économie et de la politique, ainsi que de la morale. Chez Feuerbach c'est tout le contraire. Il est réaliste par la forme, il procède de l'homme ; quant au monde où vit cet homme, il n'en souffle pas mot, en sorte que cet homme reste toujours le même homme abstrait qui figurait dans la philosophie de la religion. C'est que cet homme n'est pas né du sein de sa mère ; il est sorti du Dieu des monothéistes, et ne vit pas dans un monde réel, évolué historiquement et déterminé historiquement : il entre en rapport, il est vrai, avec d'autres hommes, mais ces hommes sont tous, tant qu'ils sont, aussi abstraits que lui-même. Au moins, dans la philosophie de la religion, avions-nous encore l'homme et la femme ; dans l'Ethique, cette dernière distinction disparaît à son tour. De loin en loin, à la vérité, on rencontre chez Feuerbach des propositions dans le genre de celle-ci : « Dans un palais on ne pense pas de même que dans une chaumière. » « Quand, à force de faim et de misère, tu n'as pas de matière dans le corps, tu n'a pas non plus dans la tête et dans le cœur de la matière pour la morale. » « La politique doit devenir notre religion, » etc. Mais Feuerbach ne sait absolument rien tirer de ces propositions, elles restent pour lui à l'état de simples phrases, et Starcke lui-même est obligé d'en convenir que pour Feuerbach la politique a été une borne infranchissable, et la doctrine de la société, la sociologie, une *terra incognita*.

Feuerbach est tout aussi banal, comparé à Hegel, lorsqu'il traite de l'antinomie du bien et du mal. « On croit dire quelque chose de bien grand, écrit Hegel, quand on dit : l'homme est naturellement bon ; on oublie que l'on dit quelque chose de bien plus grand encore quand on dit : l'homme est naturellement mauvais ». Pour Hegel le mal est la forme sous laquelle se manifeste la force motrice de l'évolution historique. Et en ceci il y a ce double sens, d'un côté que tout nouveau progrès apparaît nécessairement comme une atteinte portée à une chose sacrée, comme une révolte contre d'antiques conditions qui se meurent, mais que la coutume a consacrées, de l'autre côté que, depuis l'origine des antagonismes de classes, ce sont précisément les mauvaises passions de l'homme, la cupidité et la soif de la domination, qui deviennent les leviers de l'évolution historique ; de quoi l'histoire de la féodalité et de la bourgeoisie nous fournit un exemple continu. Feuerbach ne songe pas à approfondir le rôle historique du mal moral ; il est d'ailleurs mal à l'aise dans le domaine de l'histoire. Jusqu'à sa proposition : « L'homme primitif, qui sortait de la nature, n'était qu'un produit naturel, n'était pas un homme ; l'homme est un produit de l'homme, de la culture, de l'histoire » — jusqu'à cette proposition qui reste inféconde.

D'où il appert que ce que Feuerbach pourra nous communiquer sur la morale sera fort peu de chose. L'instinct du bonheur est inné chez l'homme, et doit, par conséquent, former la base de toute morale. Mais l'instinct du bonheur reçoit une double correction. Tout d'abord par les conséquences naturelles de nos actions : à l'ivresse succède le malaise, aux excès habituels la maladie ; ensuite par leurs conséquences sociales : si nous ne respectons pas ce même instinct du bonheur chez les autres, ceux-ci se défendent et contrarient notre propre instinct du bonheur. D'où il résulte qu'afin de satisfaire notre instinct, nous devons pouvoir calculer correctement les conséquences de nos actes, et puis, reconnaître pour autrui un droit égal à cet instinct.

Un contrôle rationnel exercé sur soi-même, et l'amour, — l'amour et encore l'amour! dans nos rapports avec nos semblables, voilà les règles fondamentales de la morale feuerbachienne, d'où découlent toutes les autres. Et ni les plus spirituels développements de Feuerbach, ni les plus grands éloges que lui prodigue Starcke, ne parviennent à nous donner le change sur la platitude et le peu de profondeur de ces quelques propositions.

L'instinct du bonheur trouve très exceptionnellement sa satisfaction et ne profite aucunement ni aux autres ni à soi par le fait qu'un homme s'occupe de lui-même. Cet instinct exige plutôt que l'on s'occupe du monde extérieur : il a besoin de moyens de se satisfaire ; il a besoin d'aliments, d'une personne de l'autre sexe, de livres, de récréations, de discussions, d'activité, d'objets matériels et de matériaux de travail. La morale feuerbachienne présuppose, ou bien que tous ces objets et moyens de satisfaction sont à la portée de tout homme, sans plus de difficulté, ou bien elle ne fait que lui donner de bons mais vains préceptes. Elle ne vaut donc pas quatre sous pour celui qui manque de toutes ces choses. Ce que d'ailleurs, Feuerbach lui-même reconnaît lorsqu'il dit : « Dans un palais on pense autrement que, dans une chaumière. » « Quand à force de faim et de misère tu n'as pas de matière dans le corps, tu n'as pas non plus dans la tête et dans le cœur de la matière pour la morale ».

En va-t-il autrement quant au droit égal de tous à l'instinct du bonheur ? Feuerbach pose cette revendication comme un fait absolu, valant pour tous les temps et toutes les circonstances. Or, depuis quand ce droit vaut-il ? Dans l'antiquité entre maîtres et esclaves, au moyen âge entre serfs et ·barons, y eut-il jamais question d'une égalité de droit à l'instinct du bonheur ?

L'instinct du bonheur des classes opprimées, n'était-il pas sacrifié sans scrupule, de par le droit existant, à celui des classes dominantes ? Oui, mais, c'était là chose immorale, tandis qu'aujourd'hui l'égalité du droit est reconnue. — Reconnue, en effet, par la phrase, depuis et autant que la bourgeoisie, dans sa lutte contre la féodalité, et par le développement de la production capitaliste, a été forcée d'abolir tous les privilèges personnels, et d'introduire l'égalité juridique des personnes dans le droit privé d'abord, et ensuite dans le droit public. Mais l'instinct du bonheur ne vit que pour la plus minime part de droits idéaux ; il s'alimente surtout de moyens matériels et quant à ceux-ci, la production capitaliste se charge de rogner pour l'immense majorité des hommes, jouissant de droits égaux, tout ce qui n'est pas indispensable à la plus chiche existence ; elle ne respecte donc pas davantage le droit de tous à l'instinct du bonheur que ne le firent l'esclavage et le servage. Et les choses se passent-elles mieux à l'égard des moyens spirituels du bonheur ? « Le maître d'école de Sadowa » n'est-il pas lui-même un personnage mythique ?

Il y a plus. D'après la théorie de la morale feuerbachienne, la Bourse est le premier temple de la moralité, — à la condition que l'on spécule toujours bien. Si mon instinct du bonheur me conduit à la Bourse, et si je calcule assez correctement mes opérations pour qu'il n'en résulte que des agréments et nul préjudice pour moi, c'est-à-dire si je gagne toujours, j'aurai suivi tous les préceptes de Feuerbach.

Et en ce faisant, je n'aurai pas porté atteinte à l'instinct du bonheur d'autrui, puisque les autres sont entrés à la Bourse tout aussi librement que moi-même, et en faisant leurs affaires de spéculation avec moi, ont tout comme moi, suivi leur instinct du bonheur. Et s'ils perdent leur argent, qu'est-ce que cela prouve, sinon précisément que leurs opérations ont été immorales, parce que mal calculées ; et, tout en leur infligeant la peine méritée, il me sera permis encore de faire le fier, et de poser vis-à-vis d'eux en Rhadamante moderne.

L'amour, aussi, règne à la Bourse, car là chacun trouve dans autrui la satisfaction de son instinct du bonheur, et n'est-ce pas là ce que l'amour est censé devoir accomplir, et par quoi il se manifeste pratiquement ? Si, donc, je joue habilement, et prévois avec justesse les résultats de mes opérations, je satisfais à toutes les prescriptions de la morale feuerbachienne et je m'enrichis par-dessus le marché. En d'autres termes, la morale de Feuerbach est appropriée à la société capitaliste actuelle, bien qu'à son insu et sans qu'il l'ait voulu.

Mais l'amour ? Eh, bien, oui, l'amour est partout et toujours, pour Feuerbach, le Dieu magicien qui doit aplanir toutes les difficultés de la vie pratique, et cela dans une société divisée en classes, ayant des intérêts diamétralement opposés. De cette façon le dernier vestige de son caractère révolutionnaire a disparu de la philosophie, et il ne reste plus que la vieille guitare : « Aimez-vous les uns les autres, embrassez-vous sans distinction de sexe ou d'état. » Embrassade et réconciliation générales !

En résumé, il en est de la morale de Feuerbach comme de toutes les précédentes. Elle est taillée sur le même patron pour tous les temps, tous les peuples, toutes les conditions ; et voilà précisément pourquoi elle n'est jamais et nulle part applicable, et pourquoi, mise en contact avec le monde réel, elle demeure aussi impuissante que l'impératif catégorique de Kant. En réalité, chaque classe, et jusqu'à chaque état, a sa morale propre, avec laquelle, d'ailleurs, on sait très bien rompre toutes les fois qu'on le peut faire impunément ; quant à l'amour, qui doit tout unir, l'amour se traduit par la guerre, les chicanes, les procès, les chamailleries domestiques, le divorce, et la plus féroce exploitation possible des uns par les autres.

Cependant, comment expliquer que la si puissante impulsion donnée par Feuerbach soit restée aussi stérile pour lui-même. Par la simple raison que Feuerbach ne parvint pas à se frayer un chemin à travers le monde des abstractions, pourtant si détesté de lui, jusqu'à la réalité vivante. Il se cramponne à la nature et à l'homme, mais l'homme et la nature ne sont pour lui que de simples mots. Il ne sait rien nous dire de positif ni de la nature réelle, ni de l'homme réel. Or, pour opérer le passage de l'homme abstrait de Feuerbach jusqu'aux hommes réels et vivants, il faut considérer les hommes agissant dans l'histoire. C'est à quoi Feuerbach se refusait ; c'est aussi pourquoi l'an 1848, qu'il ne comprenait pas, signifiait pour lui la rupture définitive avec le monde et son retour dans la solitude. Ici encore une fois le tort est surtout imputable aux tristes conditions sociales et politiques de l'Allemagne, qui le condamnèrent à végéter misérablement.

Il fallait néanmoins faire le pas que Feuerbach n'avait pu faire. Il fallait remplacer le culte de l'homme abstrait, qui formait le noyau de la nouvelle religion feuerbachienne, par la connaissance des hommes réels, et par celle de leur évolution historique. Ce développement du point de vue de Feuerbach, qui dépassait Feuerbach, fut inauguré par Marx, en 1845, dans la « Sainte Famille ».

IV

Strauss, Bauer, Stirner, Feuerbach, voilà les continuateurs de la philosophie hégélienne, en tant qu'ils n'abandonnèrent pas le terrain philosophique. Strauss, après la vie de Jésus, s'est adonné exclusivement à la littérature philosophique et ecclésiastique à la Renan ; ce que Bauer a produit d'important est limité au domaine de l'histoire des origines du Christianisme : Stirner n'a jamais été qu'une curiosité, même après que Bakounine l'eut amalgamé avec Proudhon, et baptisé cet amalgame du nom d'anarchisme. Feuerbach seul a marqué comme philosophe. Or, non seulement la philosophie, qui était censée planer au-dessus de toutes les sciences spéciales, — la science des sciences qui les embrassait toutes, — est demeurée pour lui une barrière infranchissable, une chose sainte, à laquelle il était défendu de toucher, mais encore comme philosophe il est resté à mi-côte, matérialiste par en bas, idéaliste par en haut. Par la critique il ne vint pas à bout de Hegel, il le rejeta tout simplement comme d'aucune utilité, alors que lui-même n'a su rien opposer de positif à la richesse encyclopédique de Hegel, si ce n'est une religion de l'amour boursouflée et une maigre et impuissante morale.

Une autre tendance encore sortit de la dissolution de l'école hégélienne ; — la seule qui ait porté des fruits ; et cette tendance, pour l'essentiel, se rattache au nom de Marx.

Cette fois encore le divorce avec la philosophie hégélienne s'effectua par le retour au point de vue matérialiste, c'est-à-dire que l'on se décida à concevoir le monde réel, — la nature et l'histoire, — comme il se présente de lui-même à quiconque l'approche sans prévention idéaliste ; que l'on se décida à sacrifier sans pitié toute marotte idéaliste qui ne s'accorderait pas avec les faits conçus dans leur propre enchaînement et non plus dans un enchaînement fantasmagorique. Et matérialisme ne veut pas dire autre chose. Seulement, c'était la première fois que l'on prenait au sérieux la conception matérialiste du monde et que l'on s'efforçait de l'appliquer avec conséquence dans tous les domaines de la science.

Hegel ne fut pas purement et simplement écarté : loin de là, on se rattacha à son côté révolutionnaire, développé plus haut, à sa méthode dialectique. Mais dans la forme hégélienne, cette méthode était inapplicable. Pour Hegel, la dialectique est l'évolution indépendante de l'idée. L'idée absolue non seulement existe — on ne sait où — de toute éternité ; elle est l'âme proprement dite, l'âme vivante du monde entier existant. Elle suit son évo-

lution propre, parcourant les divers degrés —
dont il est traité tout au long dans *la Logique* —
et qu'elle comprend tous ; puis elle *s'extériorise* en
se transformant et en se faisant Nature où elle est
inconsciente, et où, déguisée en nécessité, elle
passe par une nouvelle évolution, jusqu'à ce que,
enfin, elle atteint dans l'homme une nouvelle conscience de soi, — conscience qui, dès lors, évolue
dans l'histoire de la forme brute, pour se retrouver
en dernier lieu tout entière dans la philosophie
hégélienne. Ainsi, pour Hegel, le mouvement dialectique, qui se manifeste dans l'histoire et la
nature, la causalité du progrès, — s'affirmant de
l'inférieur au supérieur, à travers tous les mouvements en zigzag et toutes les reculades momentanées, n'est que le calque du mouvement propre de
l'idée, se déroulant quelque part de toute éternité,
et indépendamment de tout cerveau pensant. Il
s'agissait d'en finir avec ce sens dessus dessous
idéologique. Nous nous mîmes en devoir de concevoir les notions de notre cerveau d'une façon
matérialiste, comme les images des choses réelles,
au lieu de concevoir les choses réelles comme tel
ou tel degré de l'idée absolue. De cette façon la
dialectique n'était plus que la science des lois générales du mouvement, tant du monde extérieur
que de la pensée humaine ; deux séries de loi qui,
bien qu'identiques pour le fond, se distinguent
pour la forme, en ce que le cerveau humain peut
les appliquer consciemment, tandis que dans la

nature, et, jusqu'à ce jour, en grande partie, dans l'histoire de l'humanité aussi, elles s'accomplissent et s'imposent sous la forme d'une nécessité extérieure, à travers une interminable série d'accidents apparents. De cette manière la dialectique des idées fut elle-même réduite à n'être plus que le reflet conscient du mouvement dialectique du monde réel, et la dialectique hégélienne, qui se tenait sur la tête, fut dès lors posée sur les pieds.

Chose curieuse, cette dialectique matérialiste, qui durant des années avait été notre meilleur instrument de travail et notre plus puissante arme, fut découverte, non seulement par nous autres, mais encore, indépendamment de nous, et même de Hegel, par un ouvrier allemand, *Joseph Dietzgen*.

Le côté révolutionnaire de la philosophie hégélienne fut ainsi repris et en même temps dégagé des oripeaux idéalistes qui en avaient empêché l'application conséquente. La grande pensée fondamentale, que le monde ne doit pas être conçu comme un ensemble de choses arrêtées mais comme un ensemble de *procès* où les choses qui paraissent stables, ainsi que leurs images cérébrales, les concepts, passent par une transformation ininterrompue du devenir et du périr, où malgré toute contingence apparente, et malgré tout regrès passager, une évolution progressive s'affirme en fin de compte ; cette grande pensée fondamentale, disons-nous, est, depuis Hegel, si bien ancrée dans la conscience vulgaire, que, formulée ainsi, elle ne trouve plus guère de contradicteurs. Cependant, autre chose est la reconnaître en parole, autre chose est l'appliquer dans la réalité et en détail, dans chaque domaine soumis à l'examen. Si dans nos recherches, nous partons toujours de ce point de vue, c'en est fait, une fois pour toutes, de la prétention aux solutions définitives, aux vérités éternelles ; on ne cesse d'être conscient des limitations forcées de toutes les connaissances ; on sait qu'elles sont conditionnées par les circonstances dans lesquelles elles ont été acquises ; mais on ne se laisse pas en imposer plus longtemps par les vieilles antinomies, insurmontables pour l'ancienne métaphysique, du vrai et du faux, du bien et du mal, de l'identique et du différent, du nécessaire et du contingent. On sait que ces antinomies n'ont qu'une valeur relative ; que ce qui aujourd'hui passe pour vrai, n'en recèle pas moins un côté faux, reconnu plus tard ; que ce qui paraît faux, à l'heure présente, a son côté vrai, grâce auquel il a pu autrefois être accepté comme vrai ; on sait que le soi-disant nécessaire ne se compose que de données fortuites, et que le prétendu contingent est la forme sous laquelle se cache le nécessaire.

La vieille méthode de l'examen et de la pensée, que Hegel appelle la « méthode métaphysique », qui, de préférence, s'occupait de l'étude des choses, envisagées comme stables et arrêtées, et qui exerce encore une si puissante influence sur les cerveaux, avait, en son temps, sa raison d'être historique. Il fallait avoir examiné les choses avant de pouvoir examiner les procès. Il fallait préalablement savoir ce qu'était une chose quelconque, avant de pouvoir observer les changements qui s'opéraient dans cette chose. Il en allait de même des sciences naturelles. L'ancienne métaphysique, qui considérait une chose comme un tout achevé, naquit d'une science naturelle qui examinait les choses, mortes ou vivantes, comme des choses achevées. Mais lorsque cette recherche fut assez avancée pour permettre le progrès décisif, la transition à l'examen systématique des transformations éprouvées par ces choses dans la nature elle-même, alors, dans le domaine philosophique aussi, sonna l'heure du trépas pour la science métaphysique. Et, de fait, si la science naturelle, jusqu'à la fin du siècle dernier, était éminemment une science qui *collectionne,* la science des choses achevées ; elle est devenue, dans notre siècle, la science qui *coordonne*, la science des procès, de l'origine et de l'évolution de ces choses, et de l'enchaînement qui relie ces procès naturels en un grand tout. La physiologie, qui étudie ce qui se passe dans l'organisme végétal et animal, l'embryologie, qui traite du développement de l'organisme individuel du germe jusqu'à la maturité, la géologie, qui suit la formation graduelle de la surface du globe, sont toutes des produits de notre siècle.

Trois grandes découvertes surtout, ont fait faire

des pas de géants à notre connaissance de l'enchaînement des procès naturelles. Ce sont : 1° la découverte de la cellule comme unité, par la multiplication et la différenciation de laquelle le corps végétal et animal tout entier se développe ; c'est ainsi que le développement et la croissance de tous les organismes supérieurs sont reconnus comme se faisant en vertu d'une même loi générale, et que, grâce à la capacité de se transformer que possède la cellule, la voie nous est indiquée par laquelle les organismes peuvent varier leur espèce et parcourir ainsi plus qu'un développement individuel ; 2° la transformation de l'énergie, qui nous a démontré que toutes les soi-disant forces, agissant, en premier lieu, dans la nature inorganique, la force mécanique et son complément, la soi-disant énergie potentielle, la chaleur, le rayonnement (la lumière, la chaleur rayonnante), l'électricité, le magnétisme, l'énergie chimique, sont des phénomènes divers du mouvement universel, lesquels dans des proportions déterminées passent les uns dans les autres, de sorte que pour une certaine quantité de l'un qui disparaît, une quantité déterminée d'un autre apparaît, et que tout le mouvement de la nature inanimée se réduit à ce procès incessant du passage d'une forme à une autre ; enfin, la démonstration, faite complètement pour la première fois par Darwin, que l'ensemble des corps organiques de la nature, y compris les hommes aujourd'hui existants, est le produit d'un long procès d'évolution d'un petit nombre de germes uni-cellulaires primitifs, et que ceux-ci, pour leur part, sont sortis du protoplasme albumineux, formé par voie chimique, de matières inorganiques.

Grâce à ces trois grandes découvertes, grâce aux puissants progrès de la science naturelle, nous pouvons, à l'heure présente, non seulement démontrer la connexion des procès dans la nature pour chaque branche spéciale, mais encore la connexion des différentes branches entre elles, et tracer ainsi un tableau de l'enchaînement naturel sous une forme systématique approximative, au moyen des faits fournis par la science naturelle empirique elle-même. Tracer ce tableau général était, autrefois, la tâche de la soi-disant philosophie naturelle, et elle ne parvint à l'accomplir qu'en remplaçant les véritables liaisons, encore ignorées, par des liaisons idéales et fantaisistes, en suppléant aux faits qui manquaient par des conceptions intellectuelles, en comblant les lacunes à l'aide de la seule imagination. En procédant ainsi elle a trouvé bien des pensées géniales et deviné nombre de découvertes ultérieures, mais elle a commis aussi pas mal de bévues, comme cela ne pouvait manquer d'arriver. Aujourd'hui que l'on n'a qu'à concevoir les résultats des recherches sur la nature d'une manière dialectique, c'est-à-dire dans le sens de leur propre enchaînement, pour arriver à un système de la nature suffisant pour notre époque, aujourd'hui que le caractère dialectique de cet enchaînement s'impose, malgré eux, aux cerveaux des naturalistes éduqués dans la méthode métaphysique, aujourd'hui la philosophie de la nature est définitivement supprimée. Désormais toute tentative pour la ressusciter ne serait pas seulement une superfétation, ce serait une reculade.

Et ce qui est vrai pour la nature, reconnue ainsi comme un procès d'évolution historique, s'applique également à l'histoire de la société dans toutes ses branches, et à la totalité des sciences s'occupant des choses humaines et « divines ». Ici, aussi, la philosophie de l'histoire, du droit, de la religion, a substitué à l'enchaînement réel, qu'il fallait démontrer comme existant dans les faits, un autre qui n'existait que dans la tête du philosophe; elle a conçu l'histoire, dans son ensemble et dans ses particularités, comme la réalisation graduelle d'idées, et encore des seules idées favorites du philosophe lui-même. L'histoire, suivant cette méthode, tendait inconsciemment mais nécessairement vers un but idéal déterminé dès l'origine ; chez Hegel, par exemple, vers la réalisation de son idée absolue; et la tendance immuable vers cette idée absolue constituait le lien intime dans les événements historiques. A la place de la liaison réelle, encore ignorée, on mit ainsi une nouvelle providence mystérieuse et inconsciente, ou graduellement parvenant à la conscience. Il s'agissait, dans ce domaine, tout comme dans celui de la nature, de rejeter les liaisons fabriquées artificiellement, et de saisir les lois générales du mouvement qui président à l'histoire de la société humaine.

Or, sur un point, l'histoire de l'évolution de la société diffère essentiellement de celle de la nature. Dans la nature — pour autant que nous laissons de côté la réaction des hommes sur la nature — ce ne sont que des agents aveugles et inconscients qui réagissent les uns sur les autres, et à travers l'entrechoquement desquels la loi générale se fait valoir. Rien de ce qui arrive — ni de toutes les causalités apparentes et visibles à la surface, ni des résultats définitifs qui confirment le règne de la loi au cœur même de ces causalités, — rien n'arrive comme un but conscient et voulu. Dans l'histoire de la société, par contre, tous les acteurs sont des hommes doués de conscience, agissant par passion ou par réflexion, et poursuivant des buts déterminés : rien ne se fait sans dessein conscient, sans but voulu. Si importante, toutefois, que soit cette différence au point de vue de la recherche historique, et particulièrement quand il s'agit de l'examen d'époques et d'événements donnés, elle ne change rien à ce fait, que le cours de l'histoire est régi par des lois générales immanentes. Car ici, aussi, selon les apparences, et nonobstant les buts consciemment poursuivis par les individus, c'est en somme le hasard qui paraît régner. Rarement c'est la chose voulue qui arrive, le plus souvent les nombreux buts poursuivis s'entrecroisent et se combattent : ou bien ces buts ne peuvent, dès l'abord, être atteints, ou bien les moyens pour y atteindre sont insuffisants. Si bien, que dans le domaine de l'histoire, l'enchevêtrement des innombrables volontés et actions individuelles crée un état de choses qui est de tout point analogue à celui qui règne dans la nature inconsciente. Les buts des actions sont, en effet, voulus, mais les conséquences — qui effectivement découlent de ces actions — ne le sont point ; ou bien, tout en paraissant de prime vue, correspondre au but visé, aboutissent finalement à des résultats tout autres que ceux voulus. En somme, les événements historiques semblent être dominés, eux aussi, par le hasard. Or, si le hasard entre en jeu à la surface, il n'en est pas moins régi par des lois immanentes et cachées : le tout est de découvrir ces lois.

Les hommes font leur histoire, quel que soit le caractère qu'elle revêt, en poursuivant leurs fins propres, consciemment voulues : la résultante de ces nombreuses volontées, agissant en sens divers, et de leur action sur le monde extérieur, c'est là précisément l'histoire. Ce que veulent ces nombreux individus n'est donc pas sans importance. La volonté est déterminée par la réflexion ou la passion. Les leviers qui, à leur tour, déterminent directement la passion ou la réflexion sont de genres bien divers. En partie, ce peuvent être les conditions extérieures, en partie, des mobiles idéaux, l'ambition, « l'enthousiasme pour la vérité et la justice », la haine personnelle, ou bien encore des marottes purement individuelles de toutes sortes. Nous avons vu que les nombreuses volontés individuelles influant sur l'histoire, produisent, le plus souvent, des résultats autres que ceux voulus, et bien des fois, tout à fait opposés à ceux voulus ; leurs mobiles n'ont donc, pour ce qui concerne le résultat général, qu'une importance secondaire. D'autre part, il s'agit de savoir quelles forces motrices se cachent derrière ces mobiles, quelles sont les causes historiques qui, dans les cerveaux humains, se transforment en de semblables mobiles.

L'ancien matérialisme ne s'est jamais posé cette question. C'est pourquoi sa conception de l'histoire, en tant qu'il en possède une, est essentiellement pragmatique : il juge tout d'après les motifs de l'action ; il divise les hommes, qui jouent un rôle dans l'histoire, en hommes nobles et ignobles ; et trouve, en règle générale, que les hommes nobles sont attrapés et que les hommes ignobles prennent le dessus. Aussi l'ancien matérialisme trouve-t-il que l'étude de l'histoire est chose peu édifiante et, nous autres, trouvons-nous, que dans le domaine de l'histoire ce matérialisme se trahit lui-même, puisqu'il accepte les mobiles idéaux qui y sont efficaces comme des causes finales, au lieu de rechercher ce qui se cache derrière eux, quels sont les mobiles de ces mobiles. L'inconséquence ne réside pas en ce que l'on reconnaît des mobiles *idéaux,* mais en ce que l'on ne remonte pas de ces mobiles jusqu'aux causes qui les déterminent. La philosophie de l'histoire, au contraire, telle qu'elle est représentée surtout par Hegel, reconnaît que les mobiles ostensibles, aussi bien que les mobiles réellement efficaces, des hommes agissant historiquement, ne sont nullement les causes finales des événements historiques ; elle constate que derrière ces mobiles il existe d'autres forces motrices qu'il s'agit de découvrir. Seulement, ces forces, elle ne les recherche pas dans l'histoire elle-même ; elle les importe du dehors, de l'idéologie philosophique, dans l'histoire. Au lieu d'expliquer l'histoire de la Grèce antique au moyen de son propre développement, Hegel, par exemple, affirme simplement qu'elle n'est autre chose que l'élaboration des « configurations de la beauté personnelle », la réalisation de « l'œuvre d'art » comme telle. A cette occasion il dit de belles et de profondes choses au sujet des anciens Grecs, mais cela n'empêche pas que nous ne pouvons plus, à l'heure actuelle, nous contenter d'une pareille explication, qui n'est que du verbiage.

Puis donc qu'il s'agit de découvrir les puissances incitatrices — conscientes ou inconscientes, et, de fait, bien fréquemment inconscientes — qui se cachent derrière les mobiles des hommes faisant l'histoire, et qui constituent, à proprement parler, les dernières forces motrices de l'histoire, l'important n'est pas tant de connaître les mobiles de l'individu, si marquant soit-il, que de rechercher les mobiles qui mettent en branle des grandes masses, des peuples entiers, et chez chaque peuple, des classes entières. Cela non pour une explosion passagère, un feu de paille, tôt éteint, mais pour une action permanente, aboutissant à de grandes transformations historiques. Approfondir les causes incitatrices qui dans les cerveaux des masses agissantes et de leurs chefs — les soi-disant grands hommes — se reflètent de façon confuse ou claire, directement ou sous forme idéologique, voire religieuse, en mobiles conscients, c'est là la seule voie qui nous puisse mettre sur les traces des lois qui régissent l'histoire dans l'ensemble, aussi bien que dans les pays et les époques particuliers. Tout ce qui meut les hommes doit passer par leur tête, mais la forme que revêtent les choses en y passant dépend beaucoup des circonstances. Bien qu'ils ne brisent plus les machines, comme ils le firent encore en 1848, au Rhin, les ouvriers ne se sont nullement reconciliés avec le machinisme.

Or, si à toutes les époques précédentes la recherche des causes motrices de l'histoire était presque une impossibilité, — vu la connexion compliquée et obscure des causes avec leurs effets — l'époque actuelle a assez simplifié cette connexion pour que l'énigme puisse être résolue. Depuis l'introduction de la grande industrie, c'est-à-dire depuis la paix européenne en 1815, au plus tard, il n'était plus un secret pour personne, en Angleterre, que la lutte politique y roulait sur les prétentions au pouvoir des deux classes ; de l'aristocratie foncière et de la bourgeoisie. En France on acquit la conscience du même fait avec le retour des Bourbons : les historiens de la Restauration, de Thierry jusqu'à Guizot, Mignet et Thiers, l'énoncent sans cesse comme la clef pour l'intelligence de l'histoire française depuis le moyen âge. A partir de 1830, la classe ouvrière, le Prolétariat, a été reconnu dans les deux pays comme la troisième classe combattant pour le pouvoir. Les circonstances s'étaient tellement simplifiées, qu'il fallait fermer les yeux de parti pris pour ne pas apercevoir dans la lutte de ces trois classes, et dans l'antagonisme de leurs intérêts, la force motrice de l'histoire moderne — tout au moins pour les deux nations les plus avancées.

Comment ces classes étaient-elles nées ? Si au premier abord on pouvait croire que la grande propriété, autrefois féodale, était née de causes politiques, d'une prise de possession violente, cela n'était pas loisible à l'égard de la bourgeoisie et du prolétariat. Car il tombait sous le sens que l'origine et le développement de ces deux grandes classes étaient dus à des causes purement économiques. Il était également clair que dans la lutte entre l'aristocratie foncière et la bourgeoisie, tout comme dans celle entre la bourgeoisie et le prolétariat, il s'agissait, en première ligne, d'intérêts économiques et que pour les faire triompher le pouvoir politique ne devait servir que de simple moyen. Bourgeoisie et Prolétariat avaient surgi tous deux par suite d'une transformation des rapports économiques, ou, pour parler avec plus de précision, du mode de production. La transition du métier corporatif à la manufacture, de la manufacture à la grande industrie, avec application de la vapeur et des machines, avaient développé ces deux classes. A un degré donné, les nouvelles forces productives, mises en mouvement par la bourgeoisie — en premier lieu, la division du travail, l'agglomération d'un grand nombre d'ouvriers parcellaires en une manufacture générale — ainsi que les conditions et les besoins d'échange développés par elle, devinrent incompatibles avec le système de production existant, transmis par l'histoire et consacré par la loi ; incompatibles avec les innombrables privilèges locaux et d'Etat — privilèges qui constituaient autant d'entraves pour les non-privilégiés, représentés par la bourgeoisie nouvelle — de l'ordre social féodal. Les forces productives se révoltèrent contre le système de production représenté par les propriétaires terriens féodaux et les maîtres des corporations. Le résultat est connu. Les entraves féodales furent brisées, petit à petit en Angleterre, d'un seul coup en France : en Allemagne on ne s'en est pas encore débarrassé.

De même qu'à un certain degré de développement la manufacture entra en conflit avec l'ordre féodal, la grande industrie est déjà entrée en guerre avec l'ordre de production bourgeois qui l'a remplacé. Entravée par cet ordre, par les barrières étroites du mode de production capitaliste, d'un côté elle prolétarise une masse toujours plus formidable du peuple, de l'autre côté elle produit une masse toujours plus grande de marchandises ne trouvant pas d'écoulement. Surproduction et misère, se déterminant l'une l'autre, voilà l'absurde contradiction à laquelle elle aboutit et qui réclame impérieusement l'affranchissement des forces productives au moyen d'une transformation du mode de production.

Il est donc démontré, du moins pour l'histoire moderne, que toutes les luttes politiques sont des luttes de classes ; que toutes les luttes d'émancipation des classes, en dépit de leur forme politique inévitable — car toute lutte de classes est une lutte politique — roule, en dernier ressort, sur l'émancipation *économique*. Ici, l'Etat, l'ordre politique, est l'élément secondaire ; la société civile, les rapports économiques, sont l'élément décisif. La façon de voir traditionnelle, que partage Hegel, apercevait dans l'Etat l'élément déterminant, dans la « Société civile », l'élément par lui déterminé. Les apparences favorisent cette vue. De même que chez l'individu toutes les forces motrices doivent passer par sa tête, se transformer en ressorts de sa volonté, pour le déterminer à l'action, de même tous les besoins de la « société civile » — quelle que soit la classe qui domine — doivent passer par la volonté de l'Etat pour acquérir une validité générale sous forme de loi. C'est là le côté formel de la chose qui va de soi ; la question est de savoir quel est le contenu de cette volonté purement formelle, de l'individu aussi bien que de l'Etat ; d'où vient ce contenu ; pourquoi ce qui est voulu est telle chose et non telle autre chose ?

Après examen, nous trouvons que la volonté de l'Etat est, en somme, déterminée par les besoins changeants de la société civile, par la suprématie de telle ou telle classe; en dernière instance, par le degré de développement des forces productives et des rapports de l'échange.

Or, si déjà dans notre ère moderne, avec ses moyens colossaux de production et de communication, l'Etat n'est pas un domaine indépendant, ayant un développement indépendant ; si, au contraire, sa conservation comme son évolution s'expliquent, en dernière analyse, par les conditions d'existence économiques de la société, à plus forte raison cela doit-il être vrai pour toutes les époques antérieures, où la production de la vie matérielle manquait de toutes ces ressources et où, par conséquent, la nécessité de cette production devait exercer une puissance prépondérante sur les hommes. Si, de nos jours, à l'époque de la grande industrie et des chemins de fer, l'Etat n'est encore, en somme, que le reflet, sous forme compréhensive, des besoins de la classe qui préside à la production, à plus forte raison devait-il l'être à une époque où les hommes durent consacrer une plus grande partie de leur existence à la satisfaction de leurs besoins matériels, dont ils étaient, par conséquent, bien plus esclaves encore que nous. L'étude de l'histoire des époques antérieures, pour peu qu'on entre sérieusement dans cette partie, confirme surabondamment ce que nous avançons ; bien entendu ce n'est pas ici le lieu de faire cette étude.

Mais si l'Etat et le droit public sont déterminés par les rapports économiques, il va sans dire que le droit privé doit l'être également, puisqu'il ne fait que sanctionner les rapports économiques normaux existant entre les individus. Cependant la forme sous laquelle cela s'opère peut être très différente. On peut conserver, en grande partie, les formes du vieux droit féodal, ainsi que cela se fit en Angleterre, en accord avec tout le développement national ; on peut aussi, comme cela s'est fait dans l'Europe continentale de l'Ouest, prendre pour base le premier droit mondial d'une société marchande, le droit romain, avec son incomparable élaboration de toutes les relations juridiques essentielles de possesseurs de marchandises (acheteurs et vendeurs, créanciers et débiteurs, contrat, obligation, etc). En quoi faisant, l'on peut, pour le plus grand profit et avantage d'une société encore petite bourgeoise et féodale, ou bien, simplement rabaisser ce droit, par la pratique judiciaire, au niveau de cette société, ou bien, avec l'aide de juristes, prétendus éclairés et moralisateurs, le convertir en un code particulier qui, dans ces circonstances sera mal fait, même au point de vue juridique. Mais on peut aussi, à l'issue d'une grande révolution bourgeoise, en prenant précisément pour base ce même droit romain, produire un code aussi classique que le code civil français. Si donc les déterminations juridiques du droit civil ne font que formuler les conditions d'existence économiques de la société, la manière de les formuler peut, suivant les circonstances, être bonne ou mauvaise.

L'Etat nous présente la première puissance idéologique dominant les hommes. La société se crée un organe pour la sauvegarde de ses communs intérêts contre les attaques de l'intérieur et de l'extérieur. Cet organe est le pouvoir de l'Etat. A peine créé, cet organe affirme son indépendance vis-à-vis de la société, et cela d'autant plus catégoriquement qu'il est l'organe d'une classe déterminée et qu'il fait valoir ouvertement la domination de cette classe. La lutte des classes opprimées contre la classe dominante devient nécessairement une lutte politique, en premier lieu contre la domination politique de cette classe ; mais la conscience de la liaison entre ces luttes politiques et leur base économique s'obscurcit, et peut se perdre tout à fait. Alors même que cela n'est pas absolument le cas en ce qui concerne les intéressés, c'est presque toujours le cas pour les historiens. De toutes les anciennes sources sur les luttes intestines de la république de Rome, le seul Appien nous dit nettement et clairement de quoi il s'agissait en fin de compte, à savoir, de la propriété foncière.

Une fois l'Etat devenu pouvoir indépendant vis-à-vis de la société, il crée une nouvelle idéologie. Les politiciens de profession, les théoriciens du droit public, les juristes du droit privé, perdent entièrement de vue la liaison des événements avec les faits économiques. Comme les faits économiques doivent, pour chaque cas spécial, revêtir la forme de motifs juridiques pour être sanctionnés sous forme de loi, et comme on doit naturellement avoir égard à tout le système de droit déjà établi, on en conclut que la forme juridique est tout et que le fond économique n'est rien. Le droit public et le droit privé sont traités comme deux provinces indépendantes, ayant une évolution historique propre, capable d'une exposition systématique spéciale, et la réclamant par l'élimination conséquente de toutes leurs contradictions internes.

Des idéologies plus élevées encore, c'est-à-dire, se détachant encore davantage des bases matérielles économiques, prennent la forme de philosophie et de religion. Ici la connexion des idées avec leurs conditions d'existence matérielles devient de plus en plus embrouillée, toujours plus voilée par des termes intermédiaires. Cette connexion existe pourtant. Comme toute la période de la Renaissance, depuis le milieu du XVe siècle, était un produit essentiel des villes, partant de la bourgeoisie, il en est ainsi de la philosophie ressuscitée depuis : son contenu, pour l'essentiel, n'était autre chose que l'expression philosophique des pensées adéquates à l'évolution de la petite et moyenne bourgeoisie vers la grande bourgeoisie. Pour l'Angleterre et la France du siècle dernier, alors que souvent l'économiste politique était doublé du philosophe, le fait est de toute évidence : pour l'école hégélienne nous l'avons démontré ci-dessus.

Cependant entrons encore dans quelques détails au sujet de la religion, puisque c'est elle qui s'éloigne le plus de la vie matérielle et paraît lui être la plus étrangère. La religion est née, à une époque très primitive, des notions erronées et primitives des hommes sur leur propre nature et sur la nature ambiante. Or, toute idéologie évolue, dès qu'elle est créée, en se rattachant à un fond d'idées existant, et en le développant. Sans cela, ce ne serait pas une idéologie, c'est-à-dire une opération sur des pensées considérées comme des essences indépendantes évoluant par elles-mêmes, et soumises uniquement à leurs lois propres. Que ce sont les conditions d'existence matérielles des hommes, dans le cerveau desquels s'accomplit ce procès intellectuel, qui, en définitive, déterminent le cours de ce procès, c'est là un fait qui nécessairement échappe à l'homme primitif, car autrement c'en serait fait de l'idéologie. Ainsi donc, ces notions religieuses primitives qui, pour la plupart, sont communes aux groupes de peuples alliés, se différencient chez chaque peuple, lors de la séparation d'un groupe, suivant les conditions d'existence qui lui sont échues en partage ; et ce procès est démontré en détail pour une série de groupes, notamment pour la branche Aryenne (Indo-Européenne) par la mythologie comparée. Les dieux, élaborés de la sorte chez chaque peuple, étaient des dieux nationaux dont le royaume ne dépassait pas le domaine sous leur protection ; passé ces frontières, d'autres dieux régnaient sans conteste. Ils ne purent survivre dans la pensée qu'autant que durait la nation, ils tombèrent avec sa chute. Cette ruine des anciennes nationalités fut amenée par l'empire mondial de Rome, mais nous n'avons pas ici à étudier les conditions économiques qui présidèrent à son origine. Les antiques dieux nationaux, et jusqu'aux dieux romains, tombèrent en décadence ; ces derniers, aussi bien, n'étaient adaptés qu'au cercle étroit de la ville de Rome. Le besoin de compléter l'empire mondial par une religion mondiale se manifeste dans les tentatives d'élever des autels à tous les dieux étrangers, tant soit peu respectables, et de les faire reconnaître à côté des dieux indigènes. Mais une nouvelle religion mondiale ne se crée pas d'emblée par un décret impérial. Sans bruit la nouvelle religion mondiale, le christianisme, était née, du mélange d'une généralisation de la théologie orientale, notamment judaïque, et d'une vulgarisation de la philosophie grecque, notamment la stoïcienne. Ce qu'elle fut à l'origine, force nous est de le rechercher péniblement, puisque la forme officielle qui nous en a été transmise est la forme qu'elle revêtait comme religion de l'Etat, après avoir été accommodée à cette fin par le Concile de Nicée.

La preuve que le Christianisme était la religion qui répondait aux circonstances d'alors, c'est qu'au bout de 250 ans il a pu devenir la religion officielle. Au moyen âge, au fur et à mesure que se formait la féodalité, le christianisme se développait comme sa religion adéquate, avec une hiérarchie féodale correspondante. Lorsque grandit la bourgeoisie, l'hérésie protestante se développa par opposition au catholicisme féodal, tout d'abord dans le centre de la France, chez les Albigeois, à l'ère de l'épanouissement suprême des villes du midi. Le moyen-âge avait annexé toutes les autres formes de l'idéologie, la philosophie, la politique, la jurisprudence, à la théologie. Il contraignit ainsi tout mouvement social et politique à prendre la forme théologique. Pour déchaîner une tempête dans les masses, dont l'âme était exclusivement nourrie de religion, on dût leur présenter leurs propres intérêts sous un déguisement religieux. Et de même que la bourgeoisie avait, dès le début, créé une foule de plébéiens, de journaliers, de domestiques de toutes sortes, n'appartenant à aucun état reconnu, — les précurseurs du prolétariat, — de même l'hérésie, de bonne heure déjà, se divise en une hérésie bourgeoise et modérée, et une autre plébéienne et révolutionnaire, tenue en horreur par les hérétiques bourgeois.

L'indestructibilité de l'hérésie protestante répondait à l'invincibilité de la bourgeoisie qui grandissait : lorsque cette bourgeoisie fut devenue assez florissante, sa lutte avec la noblesse féodale, de locale qu'elle avait été surtout jusqu'alors, commençait à prendre des proportions nationales. La première grande action — la soi-disant Réforme — s'accomplit en Allemagne. La bourgeoisie n'était ni assez forte ni assez développée pour réunir sous son drapeau les autres états en révolte — soit les plébéiens des villes, la petite noblesse et les paysans de la campagne. La noblesse fut battue la première ; les paysans se soulevèrent ; et c'est ce soulèvement qui forme le point culminant de tout ce mouvement révolutionnaire. Abandonnée par les villes, la révolution succomba devant les armées des princes du pays qui en récoltèrent tous les bénéfices. A partir de ce moment, l'Allemagne, pendant trois siècles, cesse de compter parmi les pays influant sur l'histoire par une action indépendante. Cependant, à côté du Luther allemand s'était dressé le français Calvin : avec une rigueur toute française il met en relief le caractère bourgeois de la réforme ; il républicanise et démocratise l'Eglise. Pendant que la réforme luthérienne croupissait en Allemagne et menait le pays à la ruine, celle de Calvin servait de drapeau aux républicains de Genève, de Hollande et d'Ecosse ; affranchissant la Hollande de l'Espagne et de l'empire allemand, et fournissant le décor idéologique pour le second acte de la révolution en Angleterre. Le calvinisme se confirmait comme le véritable déguisement des intérêts de la bourgeoisie de l'époque ; c'est aussi pourquoi il ne fut pas complètement reconnu au moment où, en 1689, la révolution prit fin par un compromis d'une partie de la noblesse avec les bourgeois. L'église officielle anglaise fut rétablie, mais non plus sous sa première forme, d'un catholicisme ayant le roi pour pape. Elle fut fortement calvinisée. Tandis que l'ancienne église de l'Etat avait fêté le joyeux dimanche catholique et combattu l'ennuyeux dimanche calviniste, la nouvelle église embourgeoisée introduisit celui-ci, qui n'a cessé depuis lors d'enjoliver l'Angleterre.

En France, la minorité calviniste fut, en 1686, opprimée, catholicisée ou chassée. Mais à quoi bon ? Déjà le libre penseur Bayle était à l'œuvre, et en 1694 naquit Voltaire. La mesure violente de Louis XIV ne fit que faciliter pour la bourgeoisie française l'accomplissement de sa révolution sous une forme irréligieuse, exclusivement politique, la seule conforme à la bourgeoisie épanouie. Les libres penseurs siégèrent dans l'Assemblée nationale à la place des protestants. De cette façon le christianisme était entré dans sa dernière phase. Dorénavant il ne pouvait plus servir à aucune classe avancée de travesti idéologique de ses aspirations ; il devenait de plus en plus la possession exclusive des classes régnantes, et celles-ci l'appliquent uniquement comme instrument de gouvernement pour maintenir dans les bornes les classes subalternes. Et, à cet effet, chaque classe se sert de la religion qui lui est adéquate : les hobereaux, propriétaires fonciers, du jésuitisme catholique ou de l'orthodoxie protestante ; les bourgeois libéraux et radicaux, du rationalisme ; et pour le but à atteindre, il n'importe guère que ces messieurs croient ou ne croient pas en leurs religions respectives.

Nous constatons donc que la religion, une fois formée, comprend toujours un fond transmis, comme, aussi bien, dans tous les domaines idéologiques la tradition est une grande force conservatrice. Mais les transformations que subit ce fond dépendent des rapports entre les classes, et, partant, des conditions économiques des hommes qui sont auteurs de ces transformations.

Dans tout ce qui précède il n'a pu être question que de tracer une esquisse générale de la conception historique de Marx, tout au plus, encore, de donner quelques illustrations à l'appui. La démonstration doit être faite au moyen de l'histoire elle-même, et je puis l'affirmer, elle a été suffisamment faite dans d'autres écrits. Cette conception en finit avec la philosophie dans le domaine de l'histoire, de même que la conception dialectique de la nature rend aussi inutile qu'impossible toute philosophie de la nature. Partout il ne s'agit plus d'élaborer des enchaînements dans notre tête, mais de les démêler dans les faits. Pour la philosophie, chassée de la nature et de l'histoire, il ne reste plus que le domaine, — domaine diminué — de la pensée pure : la doctrine des lois du penser, la logique et la dialectique.

*
* *

Par la révolution de 1848, l'Allemagne « cultivée » signifia son congé à la théorie et se plaça sur le terrain de la pratique. La petite industrie, fondée sur le travail manuel et la manufacture, fut remplacée par la grande industrie proprement dite : l'Allemagne apparut de nouveau sur le marché mondial ; le nouvel empire allemand supprima les incongruités les plus criantes que le morcellement en des petits Etats, les restes de la féodalité et les institutions bureaucratiques, avaient mis en travers de ce développement. Mais à mesure que la spéculation abandonnait le cabinet de travail des philosophes, pour ériger son temple à la Bourse, l'Allemagne cultivée perdait ce grand sens théorique qui avait été la gloire de l'Allemagne au temps de son abaissement le plus profond — le sens pour les recherches purement scientifiques, que le résultat fût ou non d'utilité pratique, fût ou ne fût pas contraire aux règlements de police. La science naturelle officielle se maintenait, il est vrai, à la hauteur de l'époque dans le domaine des recherches spéciales, mais, déjà le journal américain « *Science* » le remarque avec juste raison — dans le domaine de la connexité des faits isolés et de leur généralisation en lois, les progrès décisifs, à l'heure actuelle, se font bien plus souvent en Angleterre qu'en Allemagne. Surtout dans le domaine de la science historique, y compris la philosophie, le hardi esprit théorique de jadis a disparu avec la philosophie classique, et a laissé la place à un éclectisme vide d'idées ; l'on a des considérations craintives à l'égard de la carrière et des revenus ; on brigue les emplois. Les représentants de cette science sont devenus les idéologues attitrés de la bourgeoisie et de l'Etat existants — mais en un temps où l'un et l'autre sont en antagonisme ouvert avec la classe ouvrière.

Seul dans la classe ouvrière le sens théorique allemand s'est conservé inaltéré. Et chez elle il est indéracinable ; chez elle point de préoccupations à l'égard de la carrière, des profits à faire, de la gracieuse protection d'en haut. Tout au contraire, plus la science procède sans crainte et sans arrière-pensée, plus elle se trouve être en accord avec les intérêts et les aspirations des travailleurs. La nouvelle tendance, qui aperçut dans l'histoire de l'évolution du travail la clef pour l'intelligence de l'histoire de la société tout entière, s'adressa de préférence, dès l'origine, à la classe ouvrière, et rencontra chez elle cette liberté d'esprit qu'elle ne cherchait ni espérait trouver parmi les représentants de la science officielle. Le mouvement ouvrier allemand est l'héritier direct de la philosophie classique allemande,

APPENDICE

Notes de Marx sur Feuerbach

(*Ecrit à Bruxelles au printemps 1845*)

I

Le défaut capital de tout matérialisme jusqu'ici — y compris celui de Feuerbach — est qu'il ne conçoit les choses, la réalité, le monde sensible, que sous la forme de l'*objet* ou de la *perception*, et non comme *activité humaine matérielle*, comme *pratique*, non subjectivement. Il en est résulté que c'est l'idéalisme qui, en opposition au matérialisme, a développé le côté actif, — mais de manière abstraite seulement, puisque naturellement l'idéalisme ne connaît pas l'activité réelle, matérielle comme telle. Feuerbach veut des objets perceptibles, réellement distincts des objets de la pensée ; mais il ne conçoit pas l'activité humaine elle-même comme activité *objective*. C'est pourquoi dans son « Essence du Christianisme », il considère l'attitude théorique comme la seule vraiment humaine, tandis que la pratique n'est conçue et fixée que sous sa forme phénoménale, sale, juive. C'est pourquoi il ne comprend pas l'importance de l'activité « révolutionnaire », pratique-critique.

II

La question de savoir si la pensée humaine comporte une vérité objective, n'est point une question de théorie mais une question pratique. C'est dans la pratique que l'homme doit démontrer la vérité, c'est-à-dire la réalité et la force, l'en deçà de sa pensée. La controverse sur la réalité ou non réalité du penser qui s'isole de la pratique, est une question purement scolastique.

III

La doctrine matérialiste que les hommes sont les produits des circonstances et de l'éducation, que, par conséquent, des hommes changés sont les produits de circonstances autres et d'une éducation différente, oublie que ce sont précisément les hommes qui changent les circonstances et que l'éducateur doit lui-même être éduqué. Elle en arrive nécessairement à scinder la société en deux parties, dont l'une s'élève au-dessus de la société (par exemple chez Robert Owen).

La coïncidence de la modification des circonstances et de l'activité humaine ne peut être saisie et rationnellement comprise que comme pratique bouleversante.

IV

Feuerbach part du fait de l'aliénation du moi religieux, du dédoublement du monde en un monde religieux, imaginé, et un monde réel. Son œuvre consiste à résoudre le monde religieux en sa base mondaine. Il lui échappe que, ce travail accompli, la chose principale reste à faire. Le fait que la base mondaine se détache d'elle-même et s'établit, royaume indépendant, dans les nuages, ne s'explique justement que par cela que cette base mondaine est en désaccord avec elle-même et se contredit elle-même. Tout d'abord faut-il donc comprendre celle-ci dans sa contradiction, et la révolutionner pratiquement ensuite, par l'élimination de la contradiction. Ainsi, par exemple, après avoir découvert dans la famille terrestre le secret de la sainte famille, il convient maintenant de critiquer théoriquement et de bouleverser pratiquement la première elle-même.

V

Feuerbach, non satisfait du penser *abstrait* en appelle à la *perception sensorielle*, mais il ne conçoit pas le sensualisme comme activité pratique, humaine-sensuelle.

VI

Feuerbach résout l'être religieux en l'être humain. Mais l'être humain n'est pas une abstraction inhérente à l'individu isolé. Dans sa réalité, l'être humain est l'ensemble des rapports sociaux. Feuerbach, qui n'entre pas dans la critique de cet être réel, est donc forcé :

1° De faire abstraction du cours de l'histoire et de fixer l'âme religieuse pour soi, et de présupposer un individu humain abstrait *isolé*.

2° L'être humain ne peut se concevoir chez lui que comme « espèce », comme une généralité interne, muette, qui ne fait que relier *naturellement* les multiples individus.

VII

C'est pourquoi Feuerbach ne voit pas que l'« âme religieuse » est elle-même un *produit social*, et que l'individu abstrait qu'il analyse appartient en réalité à une forme de société déterminée.

VIII

La vie sociale est essentiellement *pratique*. Tous les mystères qui induisent la théorie au mysticisme, trouvent leur solution rationnelle dans la pratique humaine et dans l'intelligence de cette pratique.

IX

Le matérialisme *perceptif*, c'est-à-dire le matérialisme qui ne conçoit pas le sensualisme comme activité pratique matérielle, n'a abouti, comme résultat suprême, qu'à la perception des individus isolés dans la « société civile ».

X

Le point de vue du vieux matérialisme est la société « civile »; le point de vue du nouveau est la société *humaine* ou l'humanité socialisée.

XI

Les philosophes n'ont fait qu'*interpréter* le monde de différentes manières ; or, il importe de le *changer*.

TABLE DES MATIÈRES

	Pages
I. Contribution à l'histoire du christianisme primitif....................................	1
II. Socialisme utopique et socialisme scientifique..	47
Avant-propos...	49
Introduction...	53
Socialisme utopique et socialisme scientifique.....	93
III. Ludwig Feuerbach et la fin de la philosophie classique allemande...................	153
Préface...	
Ludwig Feuerbach et la fin de la philosophie classique allemande.......................	155
Appendice (*Notes de Karl Marx sur Feuerbach*).	233

LAVAL. — Imprimerie Parisienne, L. BARNÉOUD & Cⁱᵉ.

Documents manquants (pages, cahiers...)

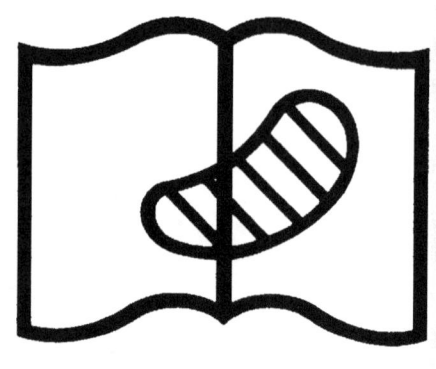

Original illisible

www.ingramcontent.com/pod-product-compliance
Lightning Source LLC
Chambersburg PA
CBHW061955180426
43198CB00036B/1187